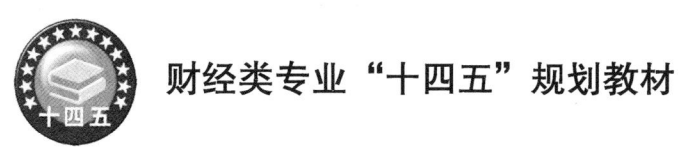

财经类专业"十四五"规划教材

基础会计仿真实训

（第二版）

蒋薇薇　周丹　胡桂青　主编

立信会计出版社
LIXIN ACCOUNTING PUBLISHING HOUSE

图书在版编目(CIP)数据

基础会计仿真实训/蒋薇薇,周丹,胡桂青主编.
2版.--上海：立信会计出版社,2025.7.--ISBN
978-7-5429-7952-0
Ⅰ.F230
中国国家版本馆 CIP 数据核字第 2025KN2875 号

策划编辑　　王斯龙
责任编辑　　王斯龙
美术编辑　　吴博闻

基础会计仿真实训(第二版)
JICHU KUAIJI FANGZHEN SHIXUN

出版发行	立信会计出版社		
地　　址	上海市中山西路 2230 号	邮政编码	200235
电　　话	(021)64411389	传　　真	(021)64411325
网　　址	www.lixinph.com	电子邮箱	lixinaph2019@126.com
网上书店	http://lixin.jd.com		http://lxkjcbs.tmall.com
经　　销	各地新华书店		
印　　刷	上海华业装潢印刷有限公司		
开　　本	787 毫米×1092 毫米	1/16	
印　　张	16.25		
字　　数	296 千字		
版　　次	2025 年 7 月第 2 版		
印　　次	2025 年 7 月第 1 次		
书　　号	ISBN 978-7-5429-7952-0/F		
定　　价	47.00 元		

如有印订差错,请与本社联系调换

第二版前言

"基础会计仿真实训"课程是会计类专业的一门专业实训课程。本书通过会计职业最基本的工作业务,使学生初步了解会计工作的环境,认识会计工作的一般流程,在操作中理解会计要素、会计等式和复式记账法的基本原理,熟练掌握填制和审核凭证、登记账簿、编制财务报表的方法。通过本书的学习,学生将具备学习后续专业课程的专业基础能力,为进一步学习打下良好的基础。

本书根据应用型、技术技能型院校人才的培养要求,以职业需求为导向、以实践能力培养为重点,按照专业设置与产业需求对接、课程内容与职业标准对接、教学过程与生产过程对接的要求,力求做到创新课程体系、教学内容和教学方法。

本书具有以下特点:

(1) 经济业务内容体现了我国最新的相关税收政策、税法规定和会计制度(准则)的新要求。
(2) 模拟的经济业务涵盖了企业基础的、典型的、常见的经济业务,并采用了数电票、电子支付结算凭证等新形式。
(3) 会计实训按照会计基本工作过程,完成建账,填制、审核原始凭证和记账凭证,登记账簿、编制财务报表等工作任务。
(4) 实训内容与实际工作紧密连接,旨在培养学生的职业意识、职业素质和工作能力。

本书既可以作为应用型、技术技能型院校的经济管理类专业的教材,也可以作为广大经营管理者和会计工作者的入门实训参考书。

本书由蒋薇薇、周丹、胡桂青担任主编。本书编写分工如下:蒋薇薇编写第二部分,周丹编写第一部分和第三部分的第一至第三项内容,胡桂青编写第三部分其余项内容。蒋薇薇对全书大纲进行确定,并统筹编写工作。

由于编者的水平有限,本书如有错漏或不妥之处,请广大读者不吝指正,以使本书得到不断的完善和修订。(联系 QQ 群:1134019624)

扫码关注后发送
"7952"获取答案

编者

2025 年 5 月

目 录

第一部分 概述 ·· 1
    一、实训目的 ··· 2
    二、实训要求 ··· 2

第二部分 仿真模拟企业经济业务资料 ·· 3
    一、企业基本情况 ··· 4
    二、企业财务制度 ··· 4
    三、11 月份的企业账户资料 ·· 5
    四、12 月份的经济业务资料 ·· 9

第三部分 仿真实训作业材料 ··· 75
    一、收款凭证 ·· 77
    二、付款凭证 ·· 91
    三、转账凭证 ·· 121
    四、总分类账 ·· 157
    五、库存现金日记账 ·· 177
    六、银行存款日记账 ·· 179
    七、三栏式明细分类账 ·· 185
    八、数量金额式明细分类账 ·· 204
    九、应交增值税明细账 ·· 214

十、多栏式明细分类账 ……………………………………………… 218

十一、资产负债表 …………………………………………………… 226

十二、利润表 ………………………………………………………… 228

十三、各类封面、封底 ……………………………………………… 231

十四、实训总结 ……………………………………………………… 251

第一部分

概 述

一、实训目的

"基础会计"课程是财会专业的入门课程、主干课程。"基础会计仿真实训"课程是对"基础会计"课程内容的进一步完善和必要的补充,是一门实践性、操作性较强的课程。本书能够使学生了解各项经济业务仿真的原始凭证,掌握相关业务记账凭证的编制、总分类账和明细分类账的登记、资产负债表和利润表的编制等,加强对各种经济业务的账务处理能力,缩短理论与实践的距离,加深对会计理论的理解,培养会计实操能力。

二、实训要求

本书采用记账凭证账务处理程序。
(1) 建账:将各总分类账账户、明细分类账账户期初余额记入相关账户。
(2) 记账:①根据每笔业务原始凭证的内容,编制记账凭证;②根据每张记账凭证,登记相关总分类账账户、明细分类账账户。
(3) 月末对账、结账。
(4) 编制资产负债表、利润表。
(5) 归档、撰写实训总结。

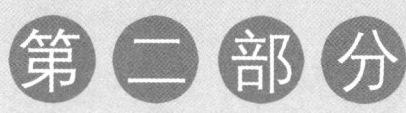

仿真模拟企业经济业务资料

一、企业基本情况

（一）企业注册资料

单位名称：苏州佳禾食品有限公司。
统一社会信用代码：91320597688322520H。
法定代表人：周昆杉。
经营范围：食品生产和销售。
地址、电话：苏州市吴江区中山南路518号；0512-63497711。

（二）企业账户资料

开户银行：中国工商银行股份有限公司苏州工业园区支行。
银行账号：1102020509006017060。

（三）企业财务部门的主要人员（表1）

表1 企业财务部门的主要人员

编号	部门	姓名	岗位或职位
1	财务部	苏珊	会计主管
2	财务部	吴江	总账会计
3	财务部	解然	成本会计
4	财务部	杨成	出纳
5			
6			

注：主要人员信息可根据需要进行补充。

二、企业财务制度

（一）会计工作的组织及分工

苏州佳禾食品有限公司单独设置财务部门，其下设会计主管、总账会计、成本会计、出纳四个工作岗位。各工作岗位的具体岗位职责如下：
（1）会计主管的岗位职责：领导和组织公司会计核算工作；负责审核会计凭证、对账和编制财务报表并进行财务分析；负责保管财务专用章;负责编制纳税申报表;组织会计档案的整理和保管;组织编制财务预算、决算;组织财产清查等。

(2) 总账会计的岗位职责:编制除产品成本业务之外的其他业务的会计凭证;编制科目汇总表;登记总分类账;审核成本会计制单的原始凭证和记账凭证;编制银行存款余额调节表等。

(3) 成本会计的岗位职责:进行产品成本核算;编制成本计算原始凭证;编制产品成本业务记账凭证;登记"生产成本""制造费用"明细分类账;编制成本报表并进行成本分析。

(4) 出纳的岗位职责:负责办理库存现金、银行存款的收款、付款业务;保管库存现金、有价证券及法定代表人名章;登记库存现金日记账、银行存款日记账;配合清查人员进行库存现金、银行存款清查等。

(二) 企业财务管理制度

(1) 以人民币为记账本位币(核算中金额计算保留至分位),记账文字为中文。

(2) 为增值税一般纳税人,销售商品适用的增值税税率为13%,适用的城市维护建设税税率为7%、教育费附加征收率为3%,适用的企业所得税税率为25%。

(3) 职工薪酬按照人事工资单当月计提,次月发放;企业的福利费无需计提,在实际发生时直接记入相关成本专用科目;工会经费按照2%计提(尚未成立工会)。

(4) 存货相关规定:产品生产成本截止日为每月最后一日,当月投入生产的产品当月全部产出(特殊情况除外),材料及产品出库的成本结转使用月末一次加权平均法。

(5) 未列明的其他会计事项,根据现行《企业会计准则》的相关规定处理。

三、11月份的企业账户资料

(一) 苏州佳禾食品有限公司2024年11月30日各总分类账账户余额(表2)

表2 总分类账账户余额表

2024年11月30日

单位:元

账户名称	借方金额	贷方金额
库存现金	2 000.00	
银行存款	429 540.00	
应收账款	140 000.00	
其他应收款	1 000.00	

(续表)

账户名称	借方金额	贷方金额
预付账款	3 750.00	
原材料	64 600.00	
库存商品	73 140.00	
固定资产	943 950.00	
累计折旧		136 900.00
生产成本	10 720.00	
制造费用		
短期借款		418 740.00
应付账款		103 200.00
应交税费		26 000.00
应付职工薪酬		12 000.00
应付利息		1 500.00
实收资本		700 000.00
盈余公积		180 000.00
本年利润		69 680.00
利润分配		20 680.00
主营业务收入		
主营业务成本		
销售费用		
税金及附加		
管理费用		
所得税费用		
合计	1 668 700.00	1 668 700.00

（二）苏州佳禾食品有限公司 2024 年 11 月 30 日相关明细分类账账户余额(表 3～表 5)

表 3　三栏式明细分类账账户余额表

2024 年 11 月 30 日　　　单位:元

总账科目	明细分类科目	借或贷	余额
应收账款	苏州美购超市有限公司	借	70 000.00
	苏州乐家超市有限公司	借	70 000.00
其他应收款	徐丽	借	1 000.00
	李俊		
预付账款	苏州卓达商贸有限公司	借	3 750.00
	国网江苏省电力有限公司苏州供电分公司		
	中国联合网络通信有限公司苏州分公司		
应付账款	山东富农粮油工业有限公司	贷	103 200.00
	国网江苏省电力有限公司苏州供电分公司		
	苏州大丰面粉有限公司		
应付职工薪酬	工资	贷	12 000.00
	福利费		
	工会经费		
应交税费	应交增值税(进项税额)	借	
	应交增值税(销项税额)	贷	
	未交增值税	贷	26 000.00
	应交所得税		
	应交城市维护建设税		
	应交教育费附加		
应付利息	利息支出	贷	1 500.00
其他应付款	应付伙食费		

提示:其他明细分类账账户余额可略去。

表4 数量金额式明细分类账账户余额表

2024年11月30日   金额单位:元

总账科目	品名	计量单位	数量	单价	金额
原材料	白砂糖	千克	5 000	1.60	8 000.00
	小麦粉	千克	8 000	3.40	27 200.00
	花生油	千克	3 000	4.80	14 400.00
	奶油	千克	1 000	8.00	8 000.00
	其他				7 000.00
库存商品	奶油饼干	千克	23 000	3.18	73 140.00

表5 生产成本多栏式明细分类账账户余额表

2024年11月30日   单位:元

成本项目	金额
直接材料	8 500.00
直接人工	1 800.00
制造费用	420.00
合　计	10 720.00

(三)苏州佳禾食品有限公司制造费用和管理费用明细科目(表6)

表6 制造费用和管理费用明细科目

制造费用						
明细科目	间接材料	间接人工	水电费	折旧费	福利费	工会经费
管理费用						
明细科目	差旅费	折旧费	办公费	修理费	水电费	工资	其他

四、12 月份的经济业务资料

【业务 01】
单据 1-1

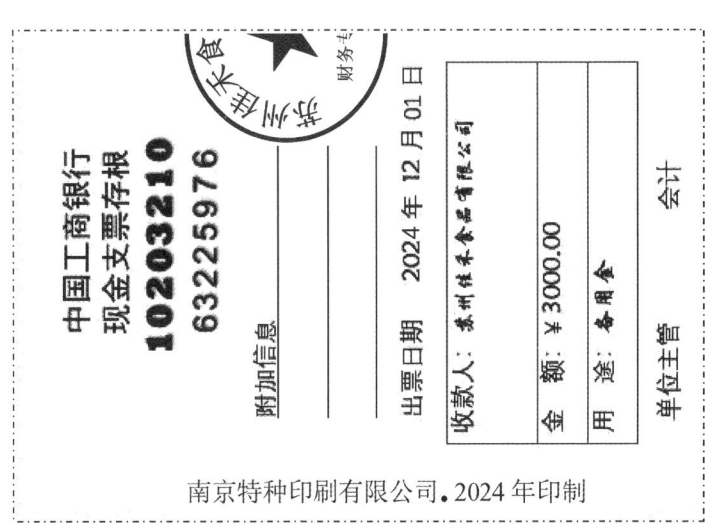

中国工商银行
现金支票存根
10203210
63225976

附加信息

出票日期 2024 年 12 月 01 日
收款人：泰州佳禾食品有限公司
金　额：￥3000.00
用　途：备用金

单位主管　　会计

南京特种印刷有限公司·2024 年印制

【业务 02】
单据 2-1

借　款　单（记账）

2024年12月01日

借款部门	采购部	借款人	李俊	事由	预支差旅费
借款金额	人民币(大写) 贰千元整			(小写) 2000.00	注意事项： 1. 凡需借用公款必须填写本单据； 2. 办妥借款事务后，应当在十日内完成结算。
部门负责人意见	同意	借款人签字	李俊		
会计负责人审批： 同意借款		付款方式： ■现金付讫		出纳： 杨成	
核销记录					

9

【业务 03】
单据 3-1

电子发票（增值税专用发票）

发票号码：24322000048268412
开票日期：2024年12月1日

购买方信息	名称：苏州佳禾食品有限公司 统一社会信用代码/纳税人识别号：91320597688322520H
销售方信息	名称：南京甘汁园生物科技有限公司 统一社会信用代码/纳税人识别号：91320115790276835

项目名称	规格型号	单位	数量	单价	金额	税率/征收率	税额
*糖*白砂糖		千克	4000	1.70	6800.00	13%	884.00
合　计					¥6800.00		¥884.00
价税合计（大写）	⊗柒仟陆佰捌拾肆元整				（小写）¥7684.00		

备注：

开票人：姜娟

单据 3-2

中国工商银行　网上银行电子回单

打印日期：2024年12月01日

付款人	户　名	苏州佳禾食品有限公司	收款人	户　名	南京甘汁园生物科技有限公司
	账　号	1102020509006017060		账　号	4301016609302070536
	开户银行	中国工商银行苏州工业园区支行		开户银行	中国工商银行南京大行宫支行
金额	¥7684.00		金额（大写）	人民币 柒仟陆佰捌拾肆元整	
摘要	货款		业务(产品)种类	汇划发报	
用途	白砂糖货款		时间戳	2024-12-01-13.17.19.247983	
交易流水号	75999867				

电子回单号码：0057-1625-5499-1100

备注：
附言：指令编号HQP90106532O168 提交人:SZJH90.c.4520
验证码：KQ+FvDKdeA8hqZOpCCv/Dz80e=

记账网点	20390	记账柜员	00009	记账日期	2024年12月01日

单据 3-3

付 款 凭 证

付款日期：2024 年 12 月 03 日

第二联 记账联

领款单位或领款人	采购部	付款方式	现金						
付款事由	支付运费		十万	万	千	百	十	元	角	分
金额 人民币（大写）	⊗壹佰元整				￥	1	0	0	0	0

财务经理：苏珊　　　　经办人：杨威

单据 3-4

电子发票（普通发票）

发票号码：24322000000526319O
开票日期：2024年12月3日

购买方信息	名称：苏州巨禾食品有限公司 统一社会信用代码/纳税人识别号：913205976883225203H			销售方信息	名称：苏州巨力搬运装卸有限公司 统一社会信用代码/纳税人识别号：91320506571351S6A		
项目名称	规格型号	单位	数量	单价	金额	税率/征收率	税额
*现代服务*搬运服务		次	1	100.00	100.00	免税	***
合计					¥100.00		***
价税合计（大写）	⊗壹佰元整				（小写）¥100.00		
备注							

开票人：陈宁

单据 3-5

苏州佳禾食品有限公司　材料入库单

2024年12月03日

供应单位：南京甘计园生物科技有限公司　　　　　　　　　　　入库编号：RK1201
发票号码：24322000004826894912　　　　　　　　　　　　　　收料仓库：原料库

材料名称	规格型号	计量单位	数　量		实际成本			备注
			应收	实收	单价	发票价格	采购费用	合计
白砂糖	主材料	千克	4000	4000	1.70	6800.00	100.00	6900.00
合　计			4000	4000		6800.00	100.00	6900.00

仓库主管：　　　　保管员：李建　　　　记账：吴江　　　　制单：程怡　　　　②财务联

【业务 04】

单据 4-1

ICBC 中国工商银行　电汇凭证（回单）

委托日期　2024年12月05日

□普通 □加急

	全　称	苏州佳禾食品有限公司		全　称	山东甘霖粮油工业有限公司	此联汇出行给汇款人的回单
汇款人	账　号	1102020500906017060	收款人	账　号	37002629803057209578	
	汇出地点	江苏省苏州市		汇入地点	山东省济南市	
	汇出行名称	中国工商银行苏州工业园区支行		汇入行名称	中国建设银行济南玉环支行	
金额	人民币（大写）	柒万元整　（章：中国工商银行苏州工业园区支行 转 2024.12.05）		亿 千 百 十 万 千 百 十 元 角 分 ￥ 7 0 0 0 0 0 0		
				支付密码		
				附加信息及用途：修延货款		
复核：　　　　　　　　　　记账：　　　　　　　　　汇出行签章						

15

[业务05]

单据 5-1

电子发票（增值税专用发票）

发票号码：24372000012380350
开票日期：2024年12月5日

购买方信息：
名称：苏州佳禾食品有限公司
统一社会信用代码/纳税人识别号：913205976832520H

销售方信息：
名称：山东富农粮油工业有限公司
统一社会信用代码/纳税人识别号：91370000SA30KZ7287

项目名称	规格型号	单位	数量	单价	金额	税率/征收率	税额
*植物油*花生油		千克	4000	4.60	18400.00	13%	2392.00
*乳制品*奶油		千克	2000	8.20	16400.00	13%	2132.00
合　计					¥34800.00		¥4524.00

价税合计（大写）：㊷叁万玖仟叁佰贰拾肆元整　（小写）¥39324.00

备注：

开票人：方彤

单据 5-2

铁路货运

中国铁路济南局集团有限公司
货物运单

需求号：2024107NY500002400001

托运人	发站(公司)	济南西(济)		专用线		发站	济南西站
	名称	山东富农粮油工业有限公司				货区	DU3200
	□上门取货	取货地址				车种车号	
收货人	到站(公司)	苏州(沪)		专用线		取货里程(km)	
	名称	苏州佳禾食品有限公司				运到期限	5
	□上门送货	送货地址				篷布号	
	付费方式	□网银支付 □现金 □支票 □银行卡 □预付款				送货里程(km)	
	领货方式	□纸领货 □电子领货				装车方	
	货物名称	类别箱类	包装	件数	重量(kg)	货物价格(元)	承运人确定重量(kg)	4000
合计	花生油		桶装	40	4000		集装箱号 施封号	
	奶油		桶装	20	2000		体积(m³)	2000
选择服务	□上门装车 □上门卸车 □装箱价运输 其他服务						施封方	
	增值税	经办人	张勇	手机号码	18064524210	费目	金额(元)	计费重量(kg)
	发票类型 受票方名称：			联系电话		基本运费	550.46	4000
	□普通票 纳税人识别号： 地址、电话： 开户行及账号：	经办人	马林	手机号码	18626223122			2000
	□专用票			□电子领取		费用合计	600.00	
						税额(元)	49.54	
						金额(元)	大写	⊗陆佰元整

托运人记事：
承运人记事：
托运人签章　　　承运人签章

单据 5-3

中国工商银行 托收凭证（付款通知）

委托日期：2024年12月05日 □邮划 □电划　　　付款期限：2024年12月15日

业务类型	委托收款 □邮划 □电划		收款人	全称	山东富农粮油工业有限公司
付款人	全称	苏州佳禾食品有限公司		账号	37002629803057209578
	账号	11020205090060170060		地址	山东省济南市　县
	地址	江苏省苏州市开户行工业园区支行			

人民币（大写）	叁万玖仟贰佰肆拾贰元整		千	百	十	万	千	百	十	元	角	分
金额					¥	3	9	2	4	0	0

款项内容	货款	合同名称号码	
商品发货情况		托收凭证名称	附寄单证张数 2

备注：

复核：　　　记账：

付款人开户银行签章
中国工商银行
苏州工业园区支行
2024.12.05
2024年12月05日

此联为付款人开户银行给付款人按期付款的通知

付款人注意：
1. 根据支付结算办法，上列委托收款（托收承付）款项在付款期限内未提出拒付，即视为同意付款，以此代付款通知。
2. 如需提出全部或部分拒付，应在规定期限内，将拒付理由书并附货款证明退交开户银行。

单据 5-4

材料采购运杂费分配表

2024年12月05日　　　　　　　金额单位：元

供货单位	山东富农粮油工业有限公司			
材料名称	分配标准（千克）	分配率	分配金额	备注
花生油	4000	0.10	400.00	
奶油	2000	0.10	200.00	
合　计	6000		600.00	

会计主管：苏珊　　　复核：吴江　　　制表：刘云

单据 5-5

苏州佳禾食品有限公司　材料入库单

2024年12月06日

供应单位：山东富农粮油工业有限公司　　　　　入库编号：RK1202
发票号码：2437200000122380035　　　　　　　　收料仓库：原材料

材料名称	规格型号	计量单位	数量		实际成本（元）			备注
			应收	实收	发票价格	采购费用	合计	
花生油	主材料	千克	4000	4000	18400.00	400.00	18800.00	②财务联
奶油	主材料	千克	2000	2000	16400.00	200.00	16600.00	
合计				6000	34800.00	600.00	35400.00	

仓库主管　　　保管员：李建　　　记账：吴江　　　制单：程格

【业务 06】
单据 6-1

ICBC 中国工商银行　托收凭证（收账通知）

委托日期：2024年11月28日　　付款期限：2024年12月07日　　4

业务类型	委托收款（□邮划 ☑电划）		托收承付（□邮划 □电划）	
付款人	全称	苏州美购超市有限公司	收款人	苏州佳禾食品有限公司
	账号	2060200905000578		1102020509000601706
	地址	江苏省苏州　市　开户行：农行苏州支行　县		江苏省苏州　市　开户行：工行工业园区支行　县
金额	人民币（大写）	柒万元整		千百十万千百十元角分 ¥ 7 0 0 0 0 0 0 2
款项内容	采购货款		合同名称号码	
商品发货情况	商品发货完毕		附寄单证张数	
备注	上列款项已划回收入你方账户内。		收款人开户银行签章 中国工商银行 苏州工业园支行 2024.12.07 2024年12月07日	
	复核　　　记账			

提示：该款项为收回的欠款。

【业务07】
单据7-1

ICBC 中国工商银行　电子缴税付款凭证

转账日期：20241208		凭证字号：53622097

纳税人全称及纳税人识别号：苏州佳禾食品有限公司 91320597688322520H
付款人全称：苏州佳禾食品有限公司
征收机关名称：国家税务总局苏州市吴中区税务局
付款人账号：1102020509000617060
收款国库（银行）名称：国家金库苏州市中心支库
付款人开户银行：工商银行苏州工业园区支行　缴款书交易流水号：19013502656932 1
小写（合计）金额：￥26000.00　　税票号码：00920780
大写（合计）金额：贰万陆仟元整　　实缴金额：￥26000.00

所属时间　20241101-20241130

（印章：中国工商银行苏州工业园区支行 2024.12.08 转讫）

税种名称			
增值税	作付款回单（无银行转讫章无效）	复核	记账

第二联

【业务08】
单据8-1

差旅费报销单

报销日期：2024年12月8日　　　　　　　　　　　　　　　　　附单据3张

姓名	启程日期及地点			到达日期及地点			交通工具	金额	出差事由 参加食品行业务培训			住宿费		合计金额
	月	日	地点	月	日	地点			出差补助 天数		金额	地点	金额	
徐雨	12	1	苏州	12	1	南京	高铁	105.00						
	12	3	南京	12	3	苏州	高铁	105.00	2		200.00	南京	360.00	
合 计								210.00			200.00		360.00	770.00

人民币（大写）：柒佰柒拾元整	预借金额 1000.00	应补金额	应退金额 230.00

实报金额：

财务经理：苏珊　　　复核：吴江　　　出纳：杨成　　　报销人：徐雨

电子发票(铁路电子客票)

发票号码:24329574836000015660
开票日期:2024年12月06日

苏州 站　　　　G7268　　　　南京南 站
Suzhou　　　　　　　　　　　Nanjingnan

2024年12月01日 8:30开　　08车10A号　　二等座

票价:¥105.00

徐丽

32050020**1526

电子客票号:14846630861207913133120241

购买方名称:苏州佳禾食品有限公司
统一社会信用代码:91320597688322520H

买票请到12306 发货请到95306
中国铁路祝您旅途愉快

电子发票(铁路电子客票)

发票号码:24320062836000039937
开票日期:2024年12月06日

南京 站　　　　G7017　　　　苏州 站
Nanjing　　　　　　　　　　　Suzhou

2024年12月03日 8:05开　　12车03F号　　二等座

票价:¥105.00

徐丽

32050020**1526

电子客票号:39872840861213936517220241

购买方名称:苏州佳禾食品有限公司
统一社会信用代码:91320597688322520H

买票请到12306 发货请到95306
中国铁路祝您旅途愉快

单据 8-3

电子发票（普通发票）

发票号码：24322000033000260319
开票日期：2024年12月3日

购买方 信息	名称：苏州佳禾食品有限公司 统一社会信用代码/纳税人识别号：91320597688322520H
销售方 信息	名称：南京悦客酒店管理有限公司 统一社会信用代码/纳税人识别号：91320192307022907

项目名称	规格型号	单位	数量	单价	金额	税率/征收率	税额
*住宿服务*住宿费		天	2	169.81	339.62	6%	20.38
合计					¥339.62		¥20.38
价税合计（大写）	⊗叁佰陆拾元整				(小写) ¥360.00		
备注							

开票人：潘晗

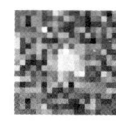

单据 8-4

收 款 收 据

NO. 240001

第三联 记账联

收款日期：2024年12月08日

交款单位或交款人	徐丽								
收款事由	归还多借的差旅利息金收讫								
收款方式	现金								
金额	人民币（大写）	⊗贰佰叁拾元整	十万	万	千	百	十	元	角	分
					¥	2	3	0	0	0

财务经理：苏珊　　记账：吴江　　经办人：杨威

[业务 09]

单据 9-1

电子发票（增值税专用发票）

发票号码：24372000003025370248
开票日期：2024年12月9日

购买方信息	名称：苏州佳禾食品有限公司 统一社会信用代码/纳税人识别号：913205976883222520H	销售方信息	名称：国网江苏省电力有限公司苏州供电分公司 统一社会信用代码/纳税人识别号：913205008475453BH

项目名称	规格型号	单位	数量	单价	金额	税率/征收率	税额
*售电*工业用电		度	12500	0.80	10000.00	13%	1300.00
合　计					¥10000.00		¥1300.00

价税合计（大写）　⊗壹万壹仟叁佰元整　　（小写）¥11300.00

备注：

开票人：宏妍

单据 9-2

中国工商银行　网上银行电子回单

打印日期：2024年12月09日

付款人	电子回单号码	3056-0625-5863-1100	收款人	户　名	国网江苏省电力有限公司苏州供电分公司
	户　名	苏州佳禾食品有限公司		账　号	6851101040002337
	账　号	1102020509006017060		开户银行	中国建设银行苏州市桐泾分理处
	开户银行	中国工商银行苏州工业园区支行		金额（大写）	人民币壹万壹仟叁佰元整
金额	¥11300.00		业务(产品)种类	跨行发报	
摘要	电费		时间戳	2024-12-09-13.17.19.247983	
用途	工业用电				
交易流水号	96826777				
备注： 附言：指令编号653P9010201TP　提交人:SZJH90.c.4520					
验证码：C6v/Lz8KD+Fv2DK6eB8Op0ehqY0					

记账网点	20390	记账柜员	00011	记账日期	2024年12月09日

【业务 10】
单据 10-1

中国工商银行
现金支票存根
1020 3210
6325977

附加信息

出票日期 2024年12月10日
收款人：苏州佳禾食品有限公司
金　额：￥10500.00
用　途：支付工资

单位主管　　　会计

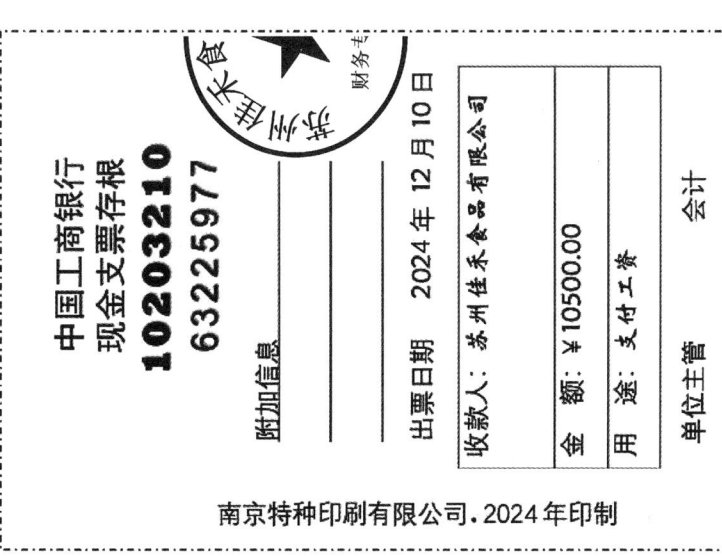

南京特种印刷有限公司·2024年印制

单据 10-2

工资结算汇总表（简表）

2024年12月10日　　　　　　　　　　　　　　　　　单位：元

部门	人员	应付工资	代扣伙食费	实发工资
生产车间	生产工人	8000.00	600.00	7400.00
生产车间	管理人员	1500.00	400.00	1100.00
管理部门	全体人员	2500.00 （现金付讫）	500.00	2000.00
合计		12000.00	1500.00	10500.00

会计主管：苏珊　　　复核：郑春　　　制表：江伟

【业务11】
单据11-1

江苏省非税收入财政票据（电子）

票据代码：32010117
票据号码：658345312563
填制日期：20241208

执收单位名称：苏州市城市管理综合执法局
执法单位编码：205059305

付款人	全称：	苏州佳禾食品有限公司	收款人	全称：	苏州市市级非税收入财政汇缴专户
	账号：	1102020509006017060		账号：	7323010195900000113
	开户银行：	中国工商银行苏州工业园区支行		开户银行：	中国银行苏州长三角一体化示范区分行

币种：RMB 金额（大写）叁佰伍拾元整 （小写）350.00

项目编码	收入项目名称	单位	数量	收缴标准	金额
5030401*5	环境卫生费	次	1	350.00	350.00

金额：¥350.00

执收单位（盖章） 经办人： 备注：

付款期为10天（节假日顺延，过期无效）。

单据11-2

中国工商银行 网上银行电子回单

电子回单号码：7025-2605-3823-1100 打印日期：2024年12月12日

付款人	户名	苏州佳禾食品有限公司	收款人	户名	苏州市市级非税收入财政汇缴专户
	账号	1102020509006017060		账号	7323010195900000113
	开户银行	中国工商银行苏州工业园区支行		开户银行	中国银行苏州长三角一体化示范区分行

金额	¥350.00	金额（大写）	人民币 叁佰伍拾元整
摘要	环境卫生费	业务(产品)种类	跨行发报
用途	苏州市城市管理综合执法局环境卫生费	时间戳	2024-12-12-32.57.29.237298
交易流水号	70790826		
备注：	附言：指令编号T015023P601B 提交人:SZJH90.c.4520		
验证码：KDLz8+Fv2DK6e8C6v/Y0p0ehqB8			

记账网点	30580	记账柜员	00002	记账日期	2024年12月12日

[业务12]

单据12-1

电子发票（增值税专用发票）

发票号码：24322000060330556077
开票日期：2024年12月13日

购买方信息	名称：南京苏宁环球商贸有限公司 统一社会信用代码/纳税人识别号：913201067673706839
销售方信息	名称：苏州佳禾食品有限公司 统一社会信用代码/纳税人识别号：913205976883225 20H

项目名称	规格型号	单位	数量	单价	金额	税率/征收率	税额
*焙烤食品*奶油饼干		千克	7000	4.82	33740.00	13%	4386.20
合计					¥33740.00		¥4386.20

价税合计（大写）⊗叁万捌仟壹佰贰拾陆元贰角整　　　（小写）¥38126.20

备注：

开票人：吴江

单据12-2

ICBC ⑨ 中国工商银行　进账单（收账通知）　3

2024年12月13日　　第240689号

出票人	全称	南京苏宁环球商贸有限公司	收款人	全称	苏州佳禾食品有限公司
	账号	4301032637253964530		账号	1102020509006017060
	开户银行	中国工商银行南京鼓楼支行		开户银行	中国工商银行苏州工业园区支行

人民币 (大写)	叁万捌仟壹佰贰拾陆元贰角整		千	百	十	万	千	百	十	元	角	分
					¥	3	8	1	2	6	2	0

票据种类	转账支票	票据张数	1	收款人开户银行签章
票据号码	65305762			中国工商银行 苏州工业园区支行 2024.12.13

复核　　　记账

[业务 13]

单据 13-1

电子发票（增值税专用发票）

发票号码：24322000010053100206
开票日期：2024年12月13日

购买方信息	名称：苏州佳禾食品有限公司 统一社会信用代码/纳税人识别号：913205976883225203H	销售方信息	名称：中国联合网络通信有限公司苏州分公司 统一社会信用代码/纳税人识别号：91320508377527060

项目名称	规格型号	单位	数量	单价	金额	税率/征收率	税额
*电信服务*宽带服务费			1	1500.00	1500.00	6%	90.00
合计					¥1500.00		¥90.00
价税合计（大写）		⊗ 壹仟伍佰玖拾元整			（小写）¥1590.00		
备注	宽带服务期：2025年01月01日至2025年06月30日						

开票人：卓雅

单据 13-2

中国工商银行 网上银行电子回单

打印日期：2024年12月13日

电子回单号码	0035-0256-0152-1100		
付款人	户名	苏州佳禾食品有限公司	
	账号	11020205090006017060	
	开户银行	工商银行苏州工业园区支行	
收款人	户名	中国联合网络通信有限公司苏州分公司	
	账号	32023662101012106320S	
	开户银行	建设银行苏州滨河路支行	
金额	¥1590.00	金额（大写）	人民币 壹仟伍佰玖拾元整
摘要	宽带服务费	业务(产品)种类	跨行发报
用途	预付2025年1~6月宽带服务费	时间戳	2024-12-13-20.53.03.006.217
交易流水号	15003211		
备注	附言：指令编号653P7014P3207D 提交人:SZJH90.c.4520 验证码：O32eCdLtp2Jzv9e1xOLmqH5o7N40=		
记账柜员	0007	记账日期	2024年12月13日
记账网点	00214		

【业务 14】
单据 14-1

```
中国工商银行
现金支票存根
1020 3210
6325978

附加信息 _____

出票日期  2024 年 12 月 13 日
收款人：苏州佳禾食品有限公司
金　额：￥1000.00
用　途：备用金

单位主管          会计
```

南京特种印刷有限公司．2024 年印制

【业务 15】
单据 15-1

差旅费报销单

报销日期：2024年12月13日　　　　　　　　　附单据3张

姓 名	李俊					出差事由	参加食品展销会				
启程日期及地点			到达日期及地点			金额	交通工具	出差补助		住宿费	金额合计
月	日	地点	月	日	地点			天数	金额	地点 金额	
12	5	苏州	12	5	北京	552.00	高铁	4	400.00	北京 848.00	
12	9	北京	12	9	苏州	550.00	高铁				
合　计						1102.00			400.00	848.00	2350.00
人民币(大写)：贰仟叁佰伍拾元整								预借金额	应补金额	应退金额	
实报金额								2000.00	350.00		

复核：吴江　　财务经理：苏珊　　出纳：杨成　　报销人：李俊

单据 15-2

电子发票（铁路电子客票）

发票号码：24329574836000015660
开票日期：2024年12月10日

苏州站　　　　　G322　　　　　北京站
Suzhou　　　　　　→　　　　　　Beijing

2024年12月05日　8:20开　　12车10C号　二等座

票价：¥552.00

3205002OG1****0532　　　　　李俊

电子客票号：320466308612079121220 3055

购买方名称：苏州佳禾食品有限公司

买票请到12306　发货请到95306
中国铁路祝您旅途愉快

统一社会信用代码：91320597688322520H

电子发票（铁路电子客票）

发票号码：24110060862001134202
开票日期：2024年12月10日

北京站　　　　　G608　　　　　苏州站
Beijing　　　　　→　　　　　　Suzhou

2024年12月09日　8:05开　　10车08E号　二等座

票价：¥550.00

3205002CO1****0532　　　　　李俊

电子客票号：398728408612139365 1722024

购买方名称：苏州佳禾食品有限公司

买票请到12306　发货请到95306
中国铁路祝您旅途愉快

统一社会信用代码：91320597688322520H

单据 15-3

电子发票（增值税专用发票）

发票号码：24112000620007200900
开票日期：2024年12月13日

购买方信息	名称：北京华宇酒店管理有限公司
	统一社会信用代码/纳税人识别号：91110157423003876

销售方信息	名称：苏州佳禾食品有限公司
	统一社会信用代码/纳税人识别号：91320597688322520H

项目名称	规格型号	数量	单位	单价	金额	税率/征收率	税额
*住宿服务*住宿费		4		200.00	800.00	6%	48.00
合计					¥800.00		¥48.00
价税合计（大写）	⊗捌佰肆拾捌元整				（小写）¥848.00		

备注：住宿期间：12月5日至12月9日

开票人：王妃

单据 15-4

付款凭证

付款日期：2024年12月13日

第二联 记账联

领款单位或领款人	李俊	付款方式	现金
付款事由	差旅费补款		
金额	人民币（大写）⊗叁佰伍拾元整	现金付讫	十万 万 千 百 十 元 角 分
			￥ 3 5 0 0 0

财务经理：苏珊　　经办人：杨威

[业务 16]

单据 16-1

电子发票（增值税专用发票）

发票号码：24322000030100506082
开票日期：2024年12月14日

购买方信息	名称：苏州美购超市有限公司 统一社会信用代码/纳税人识别号：91320508MA62JH8023
销售方信息	名称：苏州佳禾食品有限公司 统一社会信用代码/纳税人识别号：91320597683322520H

项目名称	规格型号	单位	数量	单价	金额	税率/征收率	税额
*焙烤食品*奶油饼干		千克	13000	4.82	62660.00	13%	8145.80
合　计					¥62660.00		¥8145.80

价税合计（大写）　⊗柒万零捌佰零伍元捌角整　　（小写）¥70805.80

备注：

开票人：吴江

单据 16-2

ICBC 中国工商银行　进账单（收账通知）　3

2024年12月14日　　第 628529 号

出票人	全称	苏州美购超市有限公司	收款人	全称	苏州佳禾食品有限公司
	账号	206020090500005782		账号	1102020509006017060
	开户银行	中国农业银行苏州市圣站支行		开户银行	中国工商银行苏州工业园区支行

人民币（大写）	壹万伍仟元整	千	百	十	万	千	百	十	元	角	分
				¥	1	5	0	0	0	0	0

票据种类	转账支票	票据张数	1
票据号码	55365760		

复核　　记账

此联是收款人开户银行交给收款人的收账通知

收款人开户银行签章

中国工商银行
苏州工业园区支行
2024.12.14
转讫

提示：收回部分款项，其余尚未收到。

【业务 17】

单据 17-1

电子发票（普通发票）

发票号码：24322000042000230053
开票日期：2024年12月14日

购买方信息	名称：苏州佳禾食品有限公司 统一社会信用代码/纳税人识别号：91320597688322520H
销售方信息	名称：苏州美太广告传播有限公司 统一社会信用代码/纳税人识别号：913205940869028772X

项目名称	规格型号	单位	数量	单价	金额	税率/征收率	税额
*现代服务*广告设计		次	1		1456.31	3%	43.69
合　计					¥1456.31		¥43.69

价税合计（大写）　㊎壹仟伍佰元整　（小写）¥1500.00

备注

开票人：汪伟

单据 17-2

中国工商银行　网上银行电子回单

电子回单号码：6925-0266-0052-1100　　打印日期：2024年12月14日

付款人	户　名	苏州佳禾食品有限公司	收款人	户　名	苏州美太广告传播有限公司
	账　号	1102020509006017060		账　号	571910927510902
	开户银行	中国工商银行苏州工业园区支行		开户银行	招商银行苏州工业园区支行
金额（大写）	¥1500.00		金额	人民币 壹仟伍佰元整	
摘要	广告设计费		业务(产品)种类	跨行发报	
用途			时间戳	2024-12-14-00.23.93.005.620	
交易流水号	35003211		附言：指令编号6PH373P30102Y55 提交人:SZJH90.c.4520		
备注：					
验证码：O32eCdLtp2Jzv9e1xOLmqH5o7N40=					
记账网点	0092	记账柜员	0002	记账日期	2024年12月14日

【业务18】
单据13-1

电子发票（普通发票）

发票号码：24322000012070680101
开票日期：2024年12月16日

购买方信息
名称：苏州佳禾食品有限公司
统一社会信用代码/纳税人识别号：91320597688322520H

销售方信息
名称：苏州优品文具有限公司
统一社会信用代码/纳税人识别号：913205007283612205

项目名称	规格型号	单位	数量	单价	金额	税率/征收率	税额
*纸制品*复印纸		盒	3		120.00	3%	3.60
*文具*自动水笔		支	20		60.00	3%	1.80
*墨水*普通墨水		盒	1		20.00	3%	0.60
合计					¥200.00		¥6.00

价税合计（大写）⊗ 贰佰零陆元整　（小写）¥206.00

备注

开票人：付涛

单据18-2

付款凭证

付款日期：2024年12月16日

第二联 记账联

领款单位或领款人	苏州优品文具有限公司	付款方式	现金
付款事由	支付办公用品采购货款	现金付讫	
金额	人民币（大写）⊗ 贰佰零陆元整	十万 千 百 十 元 角 分 ￥ 2 0 6 0 0	

财务经理：苏珊　　经办人：杨威

【业务19】
单据19-1

电子发票（增值税专用发票）

发票号码：24322000013202667500
开票日期：2024年12月16日

购买方信息
名称：苏州仨禾食品有限公司
统一社会信用代码/纳税人识别号：913205976883225J0H

销售方信息
名称：苏州大丰面粉有限公司
统一社会信用代码/纳税人识别号：91320507748186511L

项目名称	规格型号	单位	数量	单价	金额	税率/征收率	税额
*谷物细粉*小麦粉		千克	5000	3.80	19000.00	9%	1710.00
合计					¥19000.00		¥1710.00

价税合计（大写）⊗贰万零柒佰壹拾元整　　（小写）¥20710.00

备注：

开票人：彭倩

单据19-2

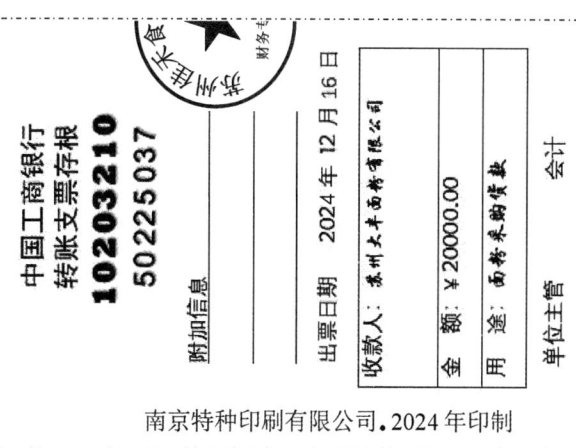

中国工商银行转账支票存根
10203210
50225037

附加信息
出票日期　2024年12月16日
收款人　苏州大丰面粉有限公司
金　额　¥20000.00
用　途　面粉采购货款

单位主管　　　　会计

南京特种印刷有限公司 2024年印制

提示：部分采购货款暂欠。

单据 19-3

苏州佳禾食品有限公司　材料入库单

2024年12月16日

供应单位：苏州大丰面粉有限公司　　　　　　　　　入库编号：RK1203
发票号码：24322000013202667500　　　　　　　　　 收料仓库：原材库

材料名称	规格型号	计量单位	数量		实际成本			备注
			应收	实收	发票价格	单价	合计	
小麦粉	主材料	千克	5000	5000	19000.00	3.80	19000.00	②财务联
合　计			5000	5000			19000.00	

仓库主管：　　　　　　　　　　保管员：李麦　　　　　　记账：吴江　　　　　　制单：程怡

【业务 20】

单据 20-1

电子发票（增值税专用发票）

发票号码：24322000011002809323
开票日期：2024年12月17日

购买方信息	名称：苏州佳禾食品有限公司 统一社会信用代码/纳税人识别号：913205976883252OH				
销售方信息	名称：苏州顺驰汽车养护有限公司 统一社会信用代码/纳税人识别号：91320507738527O9U				

项目名称	规格型号	单位	数量	单价	金额	税率/征收率	税额
*修理修配劳务*汽车维修		次	1	690.27	690.27	13%	89.73
合　计					¥690.27		¥89.73
价税合计（大写）　⊗柒佰捌拾元整					（小写）¥780.00		
备注							

开票人：崔含瑶

单据 2C-2

中国工商银行 网上银行电子回单

电子回单号码：6022-8206-0656-1100　　　　　　　　　　　　　　打印日期：2024年12月17日

付款人	户名	苏州佳禾食品有限公司	收款人	户名	苏州顺驰汽车养护有限公司
	账号	1102020509006017060		账号	3503220007029683
	开户银行	工商银行苏州工业园区支行		开户银行	建设银行吴江分行营业部
金额	¥780.00		金额（大写）	人民币 柒佰捌拾元整	
摘要	汽车养护费		业务(产品)种类	跨行发报	
用途	汽车养护费		时间戳	2024-12-17-32.23.03.005.325	
交易流水号	32150331				
备注：附言：指令编号62E3203Q791871 提交人:SZJH90.c.4520					
验证码：L232e3de1xJH5o70tpDfEzv96Lmq					
记账柜员	0005		记账日期	2024年12月17日	
记账网点	0028				

（中国工商银行 电子回单专用章）

【业务 21】
单据 21-1

ICBC 中国工商银行　贷款（还款）凭证（回单）

日期：2024年12月20日　　　　　　　　　　　　银行编号：56200370 8330

借款单位	名称	苏州佳禾食品有限公司	付款单位	名称	苏州佳禾食品有限公司
	账号	1102020509006017060		账号	1102020509006017060
	开户银行	工商银行苏州工业园区支行		开户银行	工商银行苏州工业园区支行
计划还款日期	2024年12月20日		还款次序		
还款金额	壹万元整		亿千百十万千百十元角分 ¥ 1 0 0 0 0 0 0		

上述借款单位已从你单位开户银行账户内转还。
借款单位：
（银行盖章）
（中国工商银行 苏州裕园欧支行 2024.12.20 转讫）

2024年12月20日

此联转账回单 代支款通知 住来

备注：归还短期借款

【业务 22】

单据 22-1

电子发票（增值税专用发票）

发票号码：24322000077000301596
开票日期：2024年12月20日

购买方信息	名　称：苏州佳禾食品有限公司 统一社会信用代码/纳税人识别号：91320597688322520H
销售方信息	名　称：苏州务威叉车有限公司 统一社会信用代码/纳税人识别号：913205905603723116X

项目名称	规格型号	单位	数量	单价	金额	税率/征收率	税额
*工业车辆*电动(起升)车辆		辆	1	26600.00	26600.00	13%	3458.00
合　计					¥26600.00		¥3458.00

价税合计（大写）	⊗ 叁万零伍拾捌元整	（小写）¥30058.00

备注	

开票人：王新

单据 22-2

中国工商银行　网上银行电子回单

电子回单号码：7825-1236-4052-1100　　　　打印日期：2024年12月20日

付款人	户　名	苏州佳禾食品有限公司	收款人	户　名	苏州务威叉车有限公司
	账　号	1102020509006017060		账　号	3296010070509820
	开户银行	工商银行苏州工业园区支行		开户银行	中国银行苏州工业园区支行
金额（大写）		¥30058.00	金额（大写）		人民币 叁万零伍拾捌元整
摘要		货款	业务(产品)种类		跨行发报
用途		支付电动(起升)车辆采购款	时间戳		2024-12-20-90.26.93.045.300
交易流水号		92003258			
备注： 附言：指令编号6E32J730K013P25 提交人:SZJH90.c.4520 验证码：O32eCdLtp2Jzv9e1xOLmqH5o7N40=					

记账网点	0029	记账柜员	0003	记账日期	2024年12月20日

提示：该工具车无需安装，已支付车间使用。

【业务 23】
单据 23-1

ICBC 中国工商银行　计收利息清单（支款通知）

日期：2024年12月20日

户名	苏州佳禾食品有限公司	账号	11020205090006017060
计息起止时间	2024年9月21日～2024年12月20日	计息积数	362000
	贷款账号	贷款日贷款余额	月利率	计收利息金额
贷款种类	30101220511372966		2‰	2172.00

利息金额：
人民币（大写）贰仟壹佰柒拾贰元零角零分

	亿	千	百	十	万	千	百	十	元	角	分
						¥	2	1	7	2	0	0

上列贷款利息已从你单位银行账户扣付。

备注

借款单位（银行盖章）
[中国工商银行 苏州工业园区支行 转讫 2024.12.20]

单位主管　　　　　　会计　　　　　　复核　　　　　　记账

提示：10月、11月已预提 1 500 元。

【业务 24】
单据 24-1

ICBC 中国工商银行　进账单（收账通知） 3

2024 年12月25日

出票人	全称	苏州美购建市有限公司	收款人	全称	苏州佳禾食品有限公司
	账号	2060200950005782		账号	11020205090006017060
	开户银行	中国农业银行苏州市苏站支行		开户银行	中国工商银行苏州工业园区支行

金额 人民币（大写）	伍万伍仟捌佰零伍元捌角零分		千	百	十	万	千	百	十	元	角	分
				¥	5	5	8	0	5	8	0

票据种类	转账支票	票据张数	1
票据号码	55365765		

[中国工商银行 苏州工业园区支行 转讫 2024.12.25]

收款人开户银行签章

复核　　　　　　记账

第 729526 号

此联是收款人开户银行交给收款人的收账通知

提示：收到苏州美购超市有限公司欠销货款。

【业务 25】

单据 25-1

电子发票（增值税专用发票）

发票号码：24322000020138510340
开票日期：2024年12月25日

购买方信息	名称：苏州乐家超市有限公司 统一社会信用代码/纳税人识别号：91320594088003651		销售方信息	名称：苏州佳禾食品有限公司 统一社会信用代码/纳税人识别号：91320597688322520H	
项目名称	规格型号	单位	数量	单价	金额	税率/征收率	税额
*焙烤食品*奶油饼干		千克	5000	4.82	24100.00	13%	3133.00
合计					¥24100.00		¥3133.00
价税合计（大写）	⊗贰万柒仟贰佰叁拾叁元整				（小写）¥27233.00		
备注							

开票人：吴江

单据 25-2

中国工商银行 网上银行电子回单

打印日期：2024年12月25日

电子回单号码：6032-0206-9215-1100

收款人	户名	苏州佳禾食品有限公司
	账号	1102020509006017060
	开户银行	工商银行苏州工业园区支行
	金额（大写）	人民币贰万柒仟贰佰叁拾叁元整
	业务(产品)种类	跨行发报
	时间戳	2024-12-25-00.23.03.225.303

付款人	户名	苏州乐家超市有限公司
	账号	93069645021500220
	开户银行	邮政储蓄银行吴中支行
	金额	¥27233.00
	摘要	支付货款
	用途	
	交易流水号	80350671

验证码：0tpfEzv9m232e3de1xJH6L05o7q

| 记账网点 | 0022 | 记账柜员 | 001 | 记账日期 | 2024年12月25日 |

[业务 26]
单据 26-1

发料凭证汇总表
2024 年 12 月 31 日

金额单位：元

材料名称	计量单位	加权平均单价	消耗材料		用途
			数量	实际成本	
白砂糖	千克		3720		产品生产用
花生油	千克		1920		产品生产用
小麦粉	千克		12000		产品生产用
奶油	千克		300		产品生产用
合计	—	—			—

会计主管：苏珊　　　　复核：吴江　　　　制表：解然

提示：单价和金额均保留到分位。

单据 26-2

其他材料费用汇总表
2024 年 12 月 31 日

单位：元

领料单位	材料名称	单价	金额	用途
饼干车间	略	略	3000.00	车间
管理部门	略	略	1200.00	
合计	—	—	4200.00	

会计主管：苏珊　　　　复核：吴江　　　　制表：解然

【业务27】
单据27-1

外购动力（电力）费用分配表
2024年12月31日
单位：元

车间(部门)	分配金额
饼干车间	9580.00
产品生产用	9180.00
一般用	400.00
管理部门	420.00
合　计	10000.00

会计主管：苏珊　　复核：吴江　　制表：解然

【业务28】
单据28-1

折旧费用分配表
2024年12月31日
单位：元

车间(部门)	本月固定资产折旧费
饼干车间	17000.00
管理部门	3000.00
合　计	20000.00

会计主管：苏珊　　复核：吴江　　制表：解然

【业务 29】
单据 2C-1

工资费用分配表
2024年12月31日

单位：元

车间(部门)		分配金额	备注
生产车间	生产工人	8000.00	
	车间管理人员	1500.00	
管理部门	行政管理人员	2500.00	
合计		12000.00	

会计主管：苏珊　　复核：吴江　　制表：解然

提示：根据人事提供的工资单汇总。

【业务 30】
单据 3C-1

工会经费计提表
2024年12月31日

金额单位：元

车间(部门)		计提基数	计提比例	生产成本	制造费用	管理费用	合计
生产车间	生产工人	8000.00	2%				
	管理人员	1500.00	2%				
管理部门	行政管理人员	2500.00	2%				
合计		12000.00					

会计主管：苏珊　　复核：吴江　　制表：解然

【业务 31】
单据 31-1

制造费用分配表
2024年12月31日

金额单位：元

成本计算对象	生产实用工时（小时）	费用总额
奶油饼干	18000	
合计		

会计主管：苏珊　　复核：吴江　　制表：解然

【业务 32】
单据 32-1

完工产品入库汇总表
2024 年 12 月 31 日

金额单位：元

产品名称	本月完工产量（件）	单位成本	总成本
奶油饼干	26070		
合计	26070		

会计主管：苏珊　　复核：吴江　　制表：解然

【业务 33】
单据 33-1

产品销售汇总表
2024 年 12 月 31 日

金额单位：元

| 项　目 | 奶油饼干 | |
	数量（千克）	金额
月初结存	23000	73140
本月入库	26070	
加权平均单价		
本月销售	25000	

会计主管：苏珊　　复核：吴江　　制表：解然

提示：平均单价、金额均保留到分位，以下四舍五入。

【业务34】

单据34-1

应交城市维护建设税计算单
2024年12月31日

金额单位：元

项　目	计税依据	税　率	应交税金
城市维护建设税		7%	
合　计			

会计主管：苏珊　　复核：吴江　　制表：解然

【业务35】

单据35-1

应交教育费附加计算单
2024年12月31日

金额单位：元

项　目	计税依据	征收率	应交费用
教育费附加		3%	
合　计			

会计主管：苏珊　　复核：吴江　　制表：解然

【业务 36】

单据 36-1

应交所得税计算表
2024 年 12 月 31 日

金额单位：元

项　目	金　额
本月计税金额	
所得税税率	25%
本月应交所得税	

会计主管：苏珊　　复核：吴江　　制表：解然

提示：按照利润总额计算应交所得税。

单据 36-2

利 润 计 算 单
2024 年 12 月 31 日

单位：元

收入类账户	发生额	费用类账户	发生额
主营业务收入		主营业务成本	
		销售费用	
		税金及附加	
		管理费用	
		财务费用	
		所得税费用	
合　计		合　计	

会计主管：苏珊　　复核：吴江　　制表：解然

仿真实训作业材料

材料名称	数量	材料名称	数量
收款凭证	14	多栏式明细分类账账页	8
付款凭证	30	资产负债表	2
转账凭证	36	利润表	2
总分类账账页	36	实训报告	1
库存现金日记账账页	2	总分类账、日记账、明细分类账的启用交接表	各1
银行存款日记账账页	4	总分类账、明细分类账的目录	各1
三栏式明细分类账账页	38	记账凭证、总分类账、日记账、明细分类账、会计报表的封面、封底	各1
数量金额式明细分类账账页	10	凭证包角	2
应交增值税明细账账页	2		

收 款 凭 证

收字第 _____ 号

借方科目：

年 月 日

摘要	贷方科目		金额							记账符号
	总账科目	明细科目	千	百	十	万	千	百	十	元	角	分	
合计													

附单据 _____ 张

会计主管　　记账　　出纳　　复核　　制单

收 款 凭 证

收字第 _____ 号

借方科目：

年 月 日

摘要	贷方科目		金额							记账符号
	总账科目	明细科目	千	百	十	万	千	百	十	元	角	分	
合计													

附单据 _____ 张

会计主管　　记账　　出纳　　复核　　制单

收 款 凭 证				收字第＿＿号
借方科目：			年 月 日	附单据＿＿张
摘 要	贷方科目		金 额	记账
	总账科目	明细科目	千百十万千百十元角分	
合 计				

会计主管　　　记账　　　出纳　　　复核　　　制单

收 款 凭 证				收字第＿＿号
借方科目：			年 月 日	附单据＿＿张
摘 要	贷方科目		金 额	记账
	总账科目	明细科目	千百十万千百十元角分	
合 计				

会计主管　　　记账　　　出纳　　　复核　　　制单

收 款 凭 证

收字第 _____ 号

年 月 日

借方科目：

摘要	贷方科目		金额								记账
	总账科目	明细科目	千	百	十	万	千	百	十	元	角	分	
合 计												

附单据 _____ 张

会计主管　　　　记账　　　　出纳　　　　复核　　　　制单

收 款 凭 证

收字第 _____ 号

年 月 日

借方科目：

摘要	贷方科目		金额								记账
	总账科目	明细科目	千	百	十	万	千	百	十	元	角	分	
合 计												

附单据 _____ 张

会计主管　　　　记账　　　　出纳　　　　复核　　　　制单

收款凭证

借方科目：　　　　　　　　　　　　　　　收字第＿＿＿号
　　　　　　　　　　　　　　年　月　日

| 摘要 | 贷方科目 | | 金额 | | | | | | | | 记账 |
	总账科目	明细科目	千	百	十	万	千	百	十	元	角	分	
合计													

附单据　　张

会计主管　　　　记账　　　　出纳　　　　复核　　　　制单

收款凭证

借方科目：　　　　　　　　　　　　　　　收字第＿＿＿号
　　　　　　　　　　　　　　年　月　日

| 摘要 | 贷方科目 | | 金额 | | | | | | | | 记账 |
	总账科目	明细科目	千	百	十	万	千	百	十	元	角	分	
合计													

附单据　　张

会计主管　　　　记账　　　　出纳　　　　复核　　　　制单

收款凭证

借方科目：

收字第_____号

附单据_____张

年　月　日

贷方科目		金额							
总账科目	明细科目	千	百	十	万	千	百	十	元	角	分
合　计											

摘要

会计主管　　　　记账　　　　出纳　　　　复核　　　　制单

收款凭证

借方科目：

收字第_____号

附单据_____张

年　月　日

贷方科目		金额							
总账科目	明细科目	千	百	十	万	千	百	十	元	角	分
合　计											

摘要

会计主管　　　　记账　　　　出纳　　　　复核　　　　制单

收 款 凭 证

借方科目：＿＿＿＿＿＿＿

收字第＿＿＿号

年 月 日		摘要	金额								记账
贷方科目	明细科目		千	百	十	万	千	百	十	元	角	分	
总账科目												
合　计												

附单据　　　张

会计主管　　　记账　　　出纳　　　复核　　　制单

收款凭证

借方科目：

____年____月____日   收字第____号

摘要	贷方科目		金额								记账
	总账科目	明细科目	千	百	十	万	千	百	十	元	角	分	
合计												

附单据____张

会计主管　　记账　　出纳　　复核　　制单

收款凭证

借方科目：

____年____月____日   收字第____号

摘要	贷方科目		金额								记账
	总账科目	明细科目	千	百	十	万	千	百	十	元	角	分	
合计												

附单据____张

会计主管　　记账　　出纳　　复核　　制单

付 款 凭 证

付字第_____号

____年____月____日

贷方科目：

借方科目		摘要	金额									记账
总账科目	明细科目		千	百	十	万	千	百	十	元	角	分	
合　计												

附单据_____张

会计主管　　　　记账　　　　出纳　　　　复核　　　　制单

付 款 凭 证

付字第_____号

____年____月____日

贷方科目：

借方科目		摘要	金额									记账
总账科目	明细科目		千	百	十	万	千	百	十	元	角	分	
合　计												

附单据_____张

会计主管　　　　记账　　　　出纳　　　　复核　　　　制单

付 款 凭 证

付字第_____号

____年____月____日

贷方科目：

摘要	借方科目		金额							记账
	总账科目	明细科目	千	百	十	万	千	百	十	元	角	分	
合计													

附单据_____张

会计主管　　记账　　出纳　　复核　　制单

付 款 凭 证

付字第_____号

____年____月____日

贷方科目：

摘要	借方科目		金额							记账
	总账科目	明细科目	千	百	十	万	千	百	十	元	角	分	
合计													

附单据_____张

会计主管　　记账　　出纳　　复核　　制单

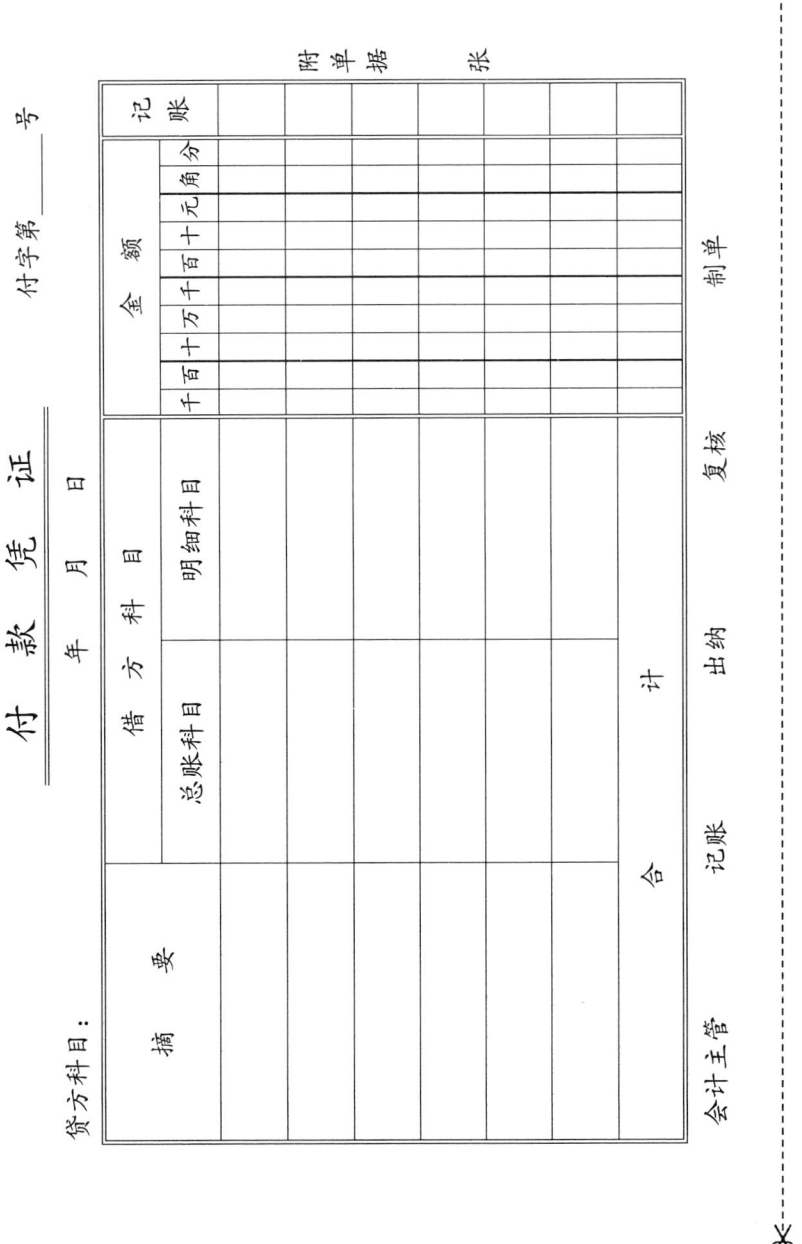

付 款 凭 证

付字第 _____ 号

年　月　日

贷方科目：

借方科目		金　额							
总账科目	明细科目	千	百	十	万	千	百	十	元	角	分

附单据　　张
记账号

摘　要									

合　计

会计主管　　　记账　　　出纳　　　复核　　　制单

付 款 凭 证

付字第 _____ 号

年　月　日

贷方科目：

借方科目		金　额							
总账科目	明细科目	千	百	十	万	千	百	十	元	角	分

附单据　　张
记账号

摘　要									

合　计

会计主管　　　记账　　　出纳　　　复核　　　制单

付款凭证

付字第_____号

年 月 日

贷方科目：

摘要	借方科目		金额								记账
	总账科目	明细科目	千	百	十	万	千	百	十	元	角	分	
合计												

附单据_____张

会计主管　　　　记账　　　　出纳　　　　复核　　　　制单

付款凭证

付字第_____号

年 月 日

贷方科目：

摘要	借方科目		金额								记账
	总账科目	明细科目	千	百	十	万	千	百	十	元	角	分	
合计												

附单据_____张

会计主管　　　　记账　　　　出纳　　　　复核　　　　制单

付款凭证

贷方科目：

付字第_____号

___年___月___日

摘要	借方科目		金额							记账
	总账科目	明细科目	千	百	十	万	千	百	十	元	角	分	
													附单据___张
合计													

会计主管　　　　　记账　　　　　出纳　　　　　复核　　　　　制单

付款凭证

贷方科目：

付字第_____号

___年___月___日

摘要	借方科目		金额							记账
	总账科目	明细科目	千	百	十	万	千	百	十	元	角	分	
													附单据___张
合计													

会计主管　　　　　记账　　　　　出纳　　　　　复核　　　　　制单

付 款 凭 证

付字第_____号

贷方科目：

摘要	借方科目		金额							记账
	总账科目	明细科目	千	百	十	万	千	百	十	元	角	分	
合计													

附单据_____张

会计主管　　　记账　　　出纳　　　复核　　　制单

付 款 凭 证

付字第_____号

贷方科目：

摘要	借方科目		金额							记账
	总账科目	明细科目	千	百	十	万	千	百	十	元	角	分	
合计													

附单据_____张

会计主管　　　记账　　　出纳　　　复核　　　制单

付款凭证

贷方科目：＿＿＿＿＿＿＿

付字第＿＿＿号

年 月 日	借方科目		金额								记账
	总账科目	明细科目	千	百	十	万	千	百	十	元	角	分	
合　计												

附单据＿＿＿张

会计主管　　记账　　出纳　　复核　　制单

付款凭证

贷方科目：＿＿＿＿＿＿＿

付字第＿＿＿号

年 月 日	借方科目		金额								记账
	总账科目	明细科目	千	百	十	万	千	百	十	元	角	分	
合　计												

附单据＿＿＿张

会计主管　　记账　　出纳　　复核　　制单

付 款 凭 证

贷方科目：　　　　　　　　　　　　　　　　　付字第＿＿号
　　　　　　　　　　　年　月　日

摘要	借方科目		金额							记账
	总账科目	明细科目	千	百	十	万	千	百	十	元	角	分	
合计													

附单据　　张

会计主管　　　　记账　　　　出纳　　　　复核　　　　制单

付 款 凭 证

贷方科目：　　　　　　　　　　　　　　　　　付字第＿＿号
　　　　　　　　　　　年　月　日

摘要	借方科目		金额							记账
	总账科目	明细科目	千	百	十	万	千	百	十	元	角	分	
合计													

附单据　　张

会计主管　　　　记账　　　　出纳　　　　复核　　　　制单

付 款 凭 证

付字第 _____ 号

_____ 年 _____ 月 _____ 日

贷方科目：

借方科目		摘要	金额								记账
总账科目	明细科目		千	百	十	万	千	百	十	元	角	分	
合　计												

附单据　　　张

会计主管　　　　　记账　　　　　出纳　　　　　复核　　　　　制单

付 款 凭 证

付字第 _____ 号

_____ 年 _____ 月 _____ 日

贷方科目：

借方科目		摘要	金额								记账
总账科目	明细科目		千	百	十	万	千	百	十	元	角	分	
合　计												

附单据　　　张

会计主管　　　　　记账　　　　　出纳　　　　　复核　　　　　制单

付 款 凭 证			付字第 ___ 号							
年 月 日			附单据 张							
			记账							
借 方 科 目		金 额								
总账科目	明细科目	千	百	十	万	千	百	十	元	角	分
合 计										

摘要

贷方科目：

会计主管　　　　记账　　　　出纳　　　　复核　　　　制单

付 款 凭 证			付字第 ___ 号							
年 月 日			附单据 张							
			记账							
借 方 科 目		金 额								
总账科目	明细科目	千	百	十	万	千	百	十	元	角	分
合 计										

摘要

贷方科目：

会计主管　　　　记账　　　　出纳　　　　复核　　　　制单

付 款 凭 证

付字第_____号

年 月 日

借方科目		摘要	金额								记账
总账科目	明细科目		千	百	十	万	千	百	十	元	角	分	
合 计												

附单据_____张

贷方科目：

会计主管　　　　记账　　　　出纳　　　　复核　　　　制单

付 款 凭 证

付字第_____号

年 月 日

借方科目		摘要	金额								记账
总账科目	明细科目		千	百	十	万	千	百	十	元	角	分	
合 计												

附单据_____张

贷方科目：

会计主管　　　　记账　　　　出纳　　　　复核　　　　制单

付款凭证

付字第_____号

年　月　日

借方科目		金额								记账
总账科目	明细科目	千	百	十	万	千	百	十	元	角	分	
合　计											

摘要：

贷方科目：

附单据_____张

会计主管　　记账　　出纳　　复核　　制单

付款凭证

付字第_____号

年　月　日

借方科目		金额								记账
总账科目	明细科目	千	百	十	万	千	百	十	元	角	分	
合　计											

摘要：

贷方科目：

附单据_____张

会计主管　　记账　　出纳　　复核　　制单

付 款 凭 证

付字第 _____ 号

贷方科目：_____

年 月 日

借方科目		摘要	金额								记账
总账科目	明细科目		千	百	十	万	千	百	十	元	角	分	
		合计										

附单据 _____ 张

会计主管　　　　记账　　　　出纳　　　　复核　　　　制单

付 款 凭 证

付字第 _____ 号

贷方科目：_____

年 月 日

借方科目		摘要	金额								记账
总账科目	明细科目		千	百	十	万	千	百	十	元	角	分	
		合计										

附单据 _____ 张

会计主管　　　　记账　　　　出纳　　　　复核　　　　制单

付 款 凭 证

付字第 _____ 号

贷方科目：

年 月 日	借方科目		摘要	金额							记账
	总账科目	明细科目		千	百	十	万	千	百	十	元	角	分	
合 计														

附单据 _____ 张

会计主管　　　记账　　　出纳　　　复核　　　制单

付 款 凭 证

付字第 _____ 号

贷方科目：

年 月 日	借方科目		摘要	金额							记账
	总账科目	明细科目		千	百	十	万	千	百	十	元	角	分	
合 计														

附单据 _____ 张

会计主管　　　记账　　　出纳　　　复核　　　制单

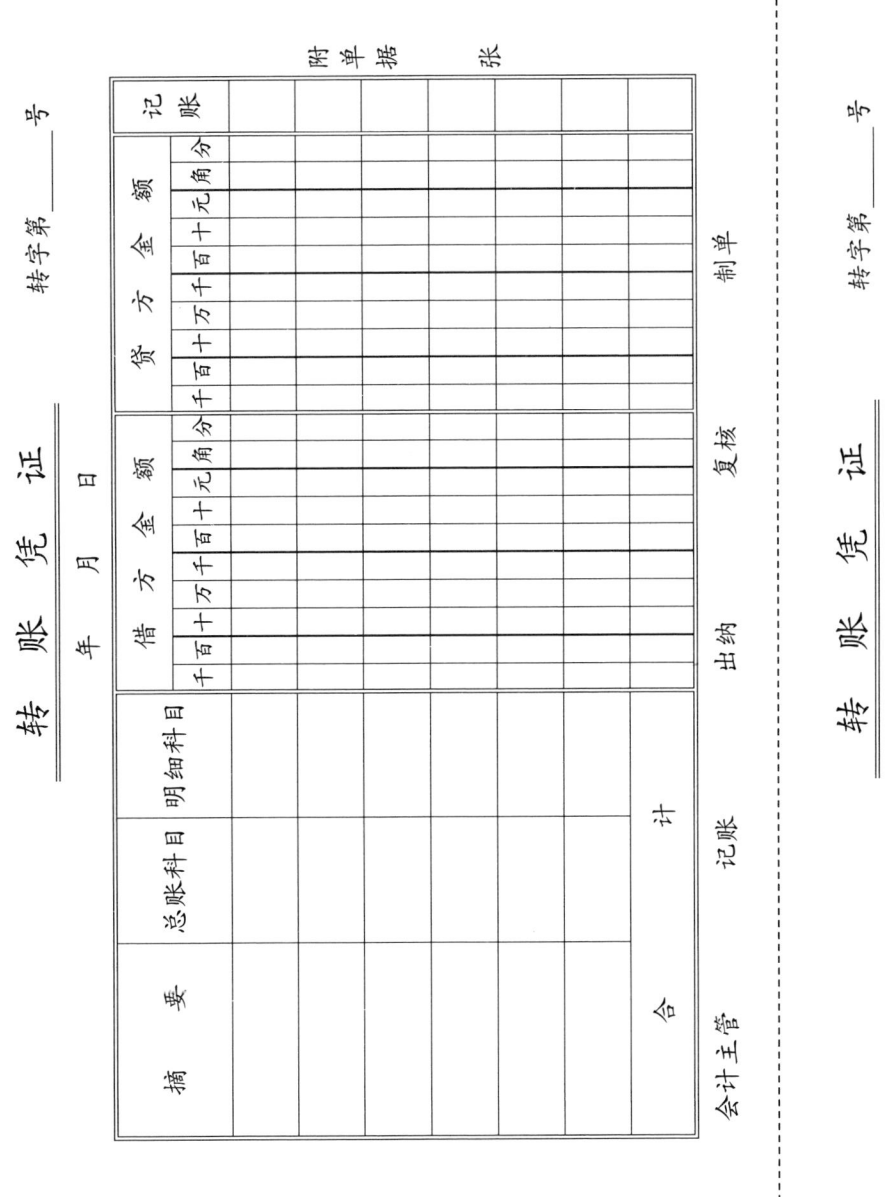

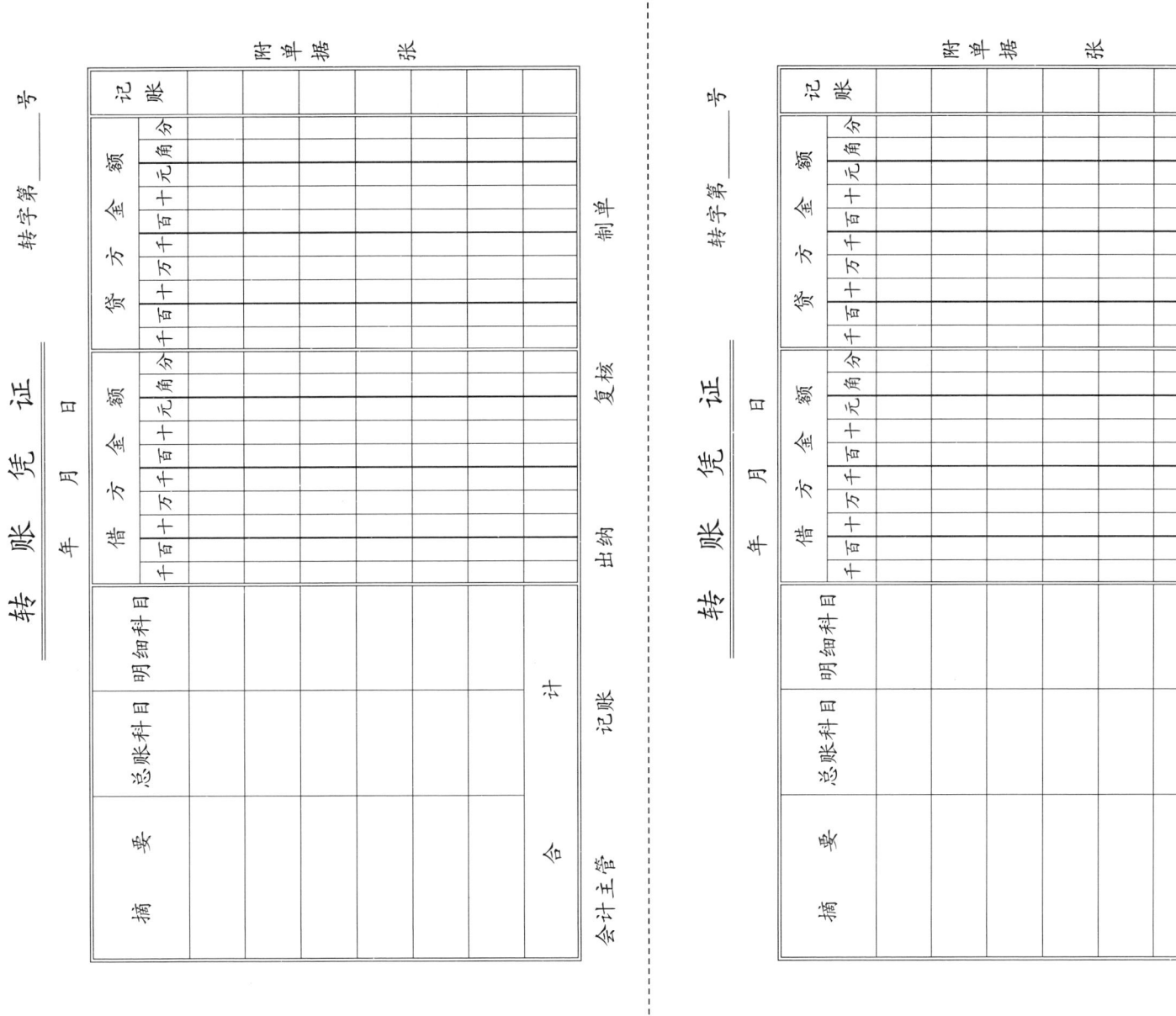

转 账 凭 证

转字第_____号

年　月　日

摘要	总账科目	明细科目	借方金额 千百十万千百十元角分	贷方金额 千百十万千百十元角分	记账
合计					

附单据　　　张

会计主管　　　记账　　　出纳　　　复核　　　制单

转 账 凭 证

转字第_____号

年　月　日

摘要	总账科目	明细科目	借方金额 千百十万千百十元角分	贷方金额 千百十万千百十元角分	记账
合计					

附单据　　　张

会计主管　　　记账　　　出纳　　　复核　　　制单

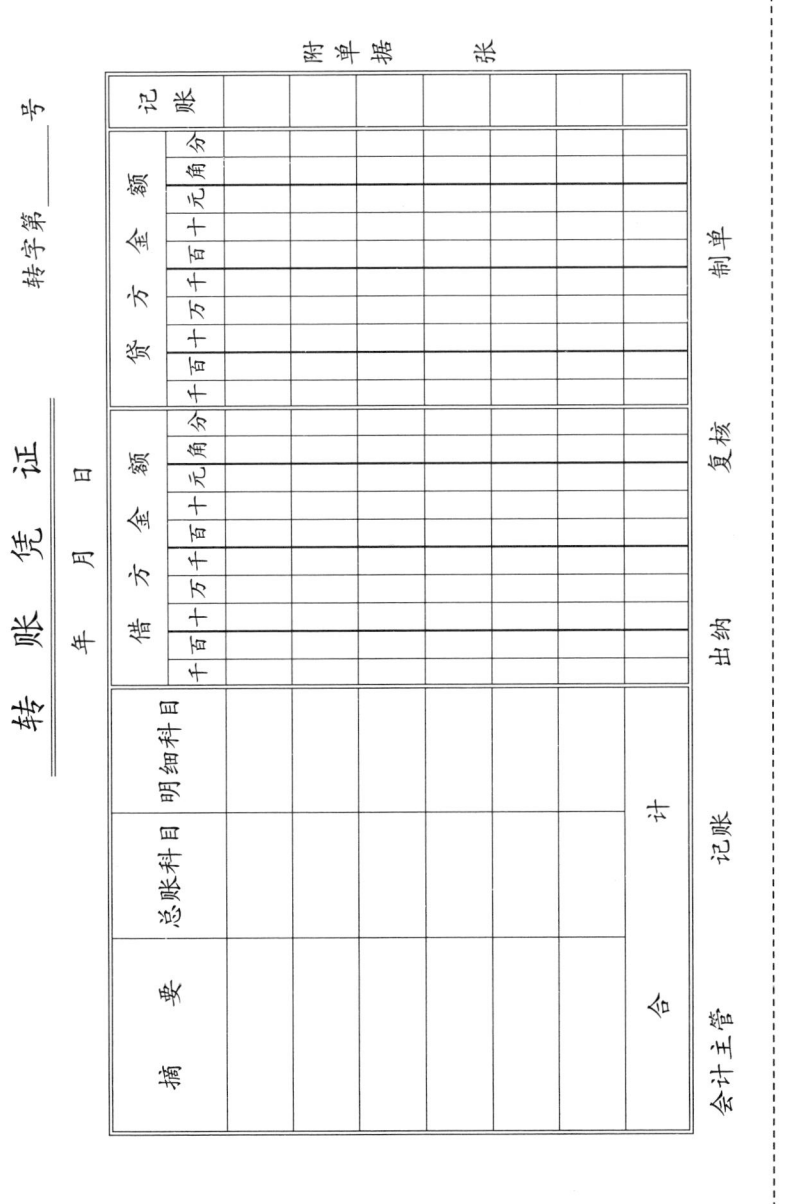

转 账 凭 证

转字第 _____ 号

_____ 年 _____ 月 _____ 日

摘要	总账科目	明细科目	借方金额									贷方金额									记账
			千	百	十	万	千	百	十	元	角	分	千	百	十	万	千	百	十	元	角	分	
合　计																						

附单据 _____ 张

会计主管　　　　记账　　　　出纳　　　　复核　　　　制单

转 账 凭 证

转字第 _____ 号

_____ 年 _____ 月 _____ 日

摘要	总账科目	明细科目	借方金额									贷方金额									记账
			千	百	十	万	千	百	十	元	角	分	千	百	十	万	千	百	十	元	角	分	
合　计																						

附单据 _____ 张

会计主管　　　　记账　　　　出纳　　　　复核　　　　制单

转账凭证

年　月　日　　　　　　　　　　　　　　　　　　　　　　　　转字第　　　号

附单据　　张

摘要	总账科目	明细科目	借方金额 千百十万千百十元角分	贷方金额 千百十万千百十元角分	记账
合计					

会计主管　　　　　记账　　　　　出纳　　　　　复核　　　　　制单

转账凭证

年　月　日　　　　　　　　　　　　　　　　　　　　　　　　转字第　　　号

附单据　　张

摘要	总账科目	明细科目	借方金额 千百十万千百十元角分	贷方金额 千百十万千百十元角分	记账
合计					

会计主管　　　　　记账　　　　　出纳　　　　　复核　　　　　制单

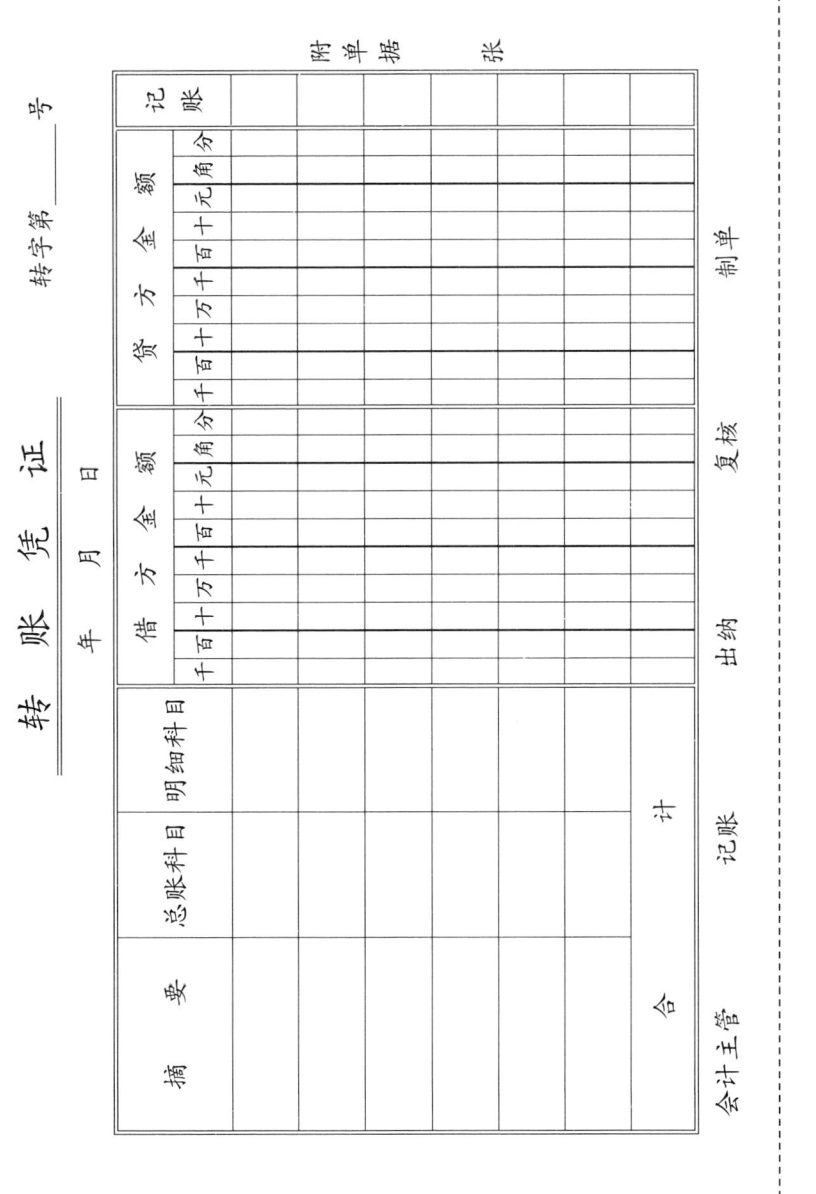

转账凭证

转字第_____号

_____年_____月_____日

摘要	总账科目	明细科目	借方金额 千百十万千百十元角分	贷方金额 千百十万千百十元角分	记账
合计					

附单据_____张

会计主管　　　记账　　　出纳　　　复核　　　制单

转账凭证

转字第_____号

_____年_____月_____日

摘要	总账科目	明细科目	借方金额 千百十万千百十元角分	贷方金额 千百十万千百十元角分	记账
合计					

附单据_____张

会计主管　　　记账　　　出纳　　　复核　　　制单

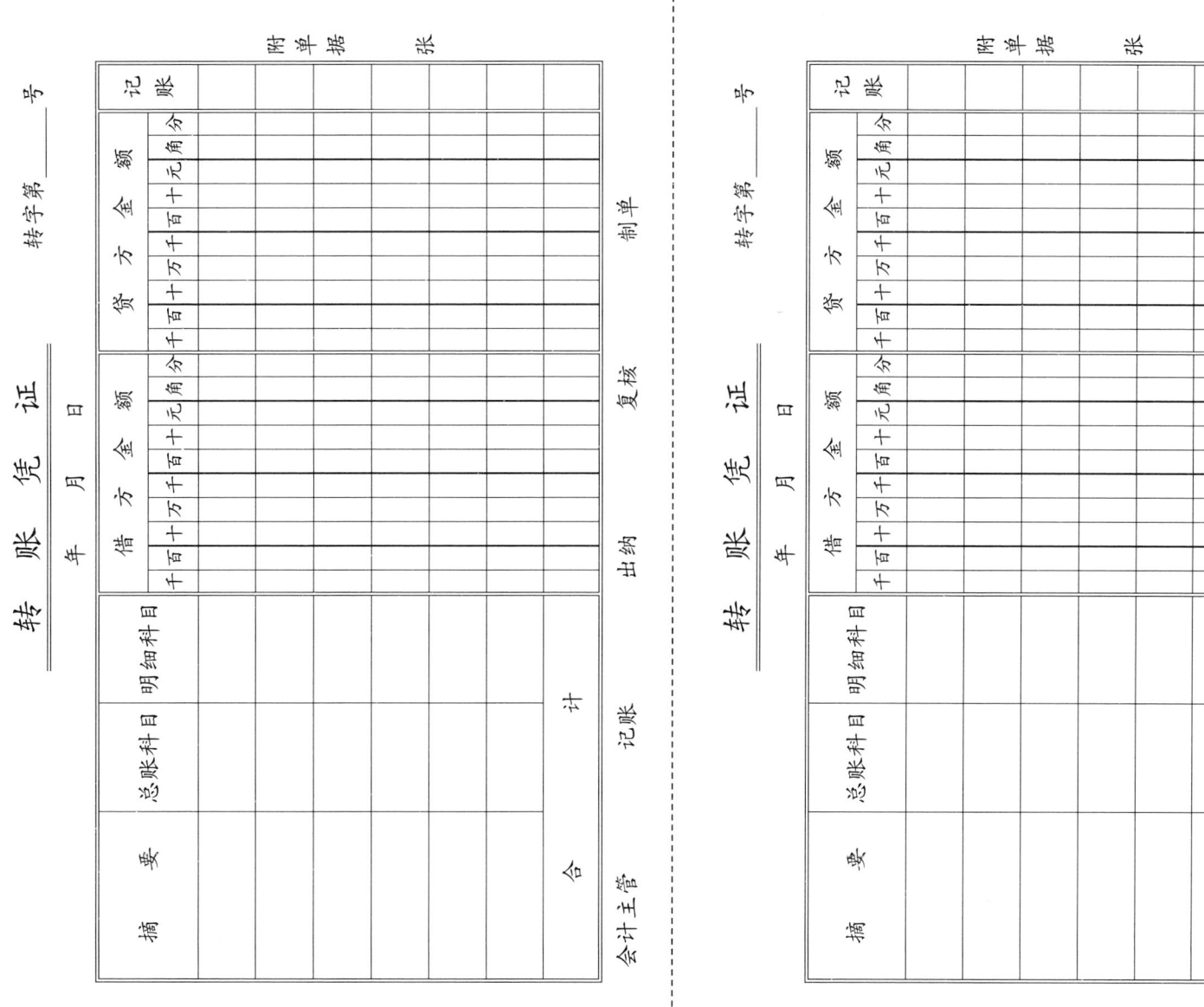

转账凭证

转字第_____号

____年____月____日

摘要	总账科目	明细科目	借方金额 千百十万千百十元角分	贷方金额 千百十万千百十元角分	记账
合计					

附单据_____张

会计主管　　　记账　　　出纳　　　复核　　　制单

转账凭证

转字第_____号

____年____月____日

摘要	总账科目	明细科目	借方金额 千百十万千百十元角分	贷方金额 千百十万千百十元角分	记账
合计					

附单据_____张

会计主管　　　记账　　　出纳　　　复核　　　制单

转账凭证

附单据　　张

转字第　　号

　　年　　月　　日

摘要	总账科目	明细科目	借方金额 千百十万千百十元角分	贷方金额 千百十万千百十元角分	记账
合计					

会计主管　　　　记账　　　　出纳　　　　复核　　　　制单

转账凭证

附单据　　张

转字第　　号

　　年　　月　　日

摘要	总账科目	明细科目	借方金额 千百十万千百十元角分	贷方金额 千百十万千百十元角分	记账
合计					

会计主管　　　　记账　　　　出纳　　　　复核　　　　制单

转 账 凭 证

转字第_____号

年　月　日

附单据_____张

摘要	总账科目	明细科目	借方金额 千百十万千百十元角分	贷方金额 千百十万千百十元角分	记账
合计					

会计主管　　　记账　　　出纳　　　复核　　　制单

转 账 凭 证

转字第_____号

年　月　日

附单据_____张

摘要	总账科目	明细科目	借方金额 千百十万千百十元角分	贷方金额 千百十万千百十元角分	记账
合计					

会计主管　　　记账　　　出纳　　　复核　　　制单

转 账 凭 证

转字第_____号

_____年_____月_____日

摘要	总账科目	明细科目	借方金额 千百十万千百十元角分	贷方金额 千百十万千百十元角分	记账 附单据___张
合计					

会计主管　　　　　记账　　　　　出纳　　　　　复核　　　　　制单

转 账 凭 证

转字第_____号

_____年_____月_____日

摘要	总账科目	明细科目	借方金额 千百十万千百十元角分	贷方金额 千百十万千百十元角分	记账 附单据___张
合计					

会计主管　　　　　记账　　　　　出纳　　　　　复核　　　　　制单

转 账 凭 证

转字第_____号

_____年_____月_____日

附单据_____张

摘要	总账科目	明细科目	借方金额 千百十万千百十元角分	贷方金额 千百十万千百十元角分	记账
合计					

会计主管　　　　　记账　　　　　出纳　　　　　复核　　　　　制单

转 账 凭 证

转字第_____号

_____年_____月_____日

附单据_____张

摘要	总账科目	明细科目	借方金额 千百十万千百十元角分	贷方金额 千百十万千百十元角分	记账
合计					

会计主管　　　　　记账　　　　　出纳　　　　　复核　　　　　制单

转账凭证

转字第_____号

_____年_____月_____日

摘要	总账科目	明细科目	借方金额 千百十万千百十元角分	贷方金额 千百十万千百十元角分	记账
合计					

附单据_____张

会计主管   记账   出纳   复核   制单

转账凭证

转字第_____号

_____年_____月_____日

摘要	总账科目	明细科目	借方金额 千百十万千百十元角分	贷方金额 千百十万千百十元角分	记账
合计					

附单据_____张

会计主管   记账   出纳   复核   制单

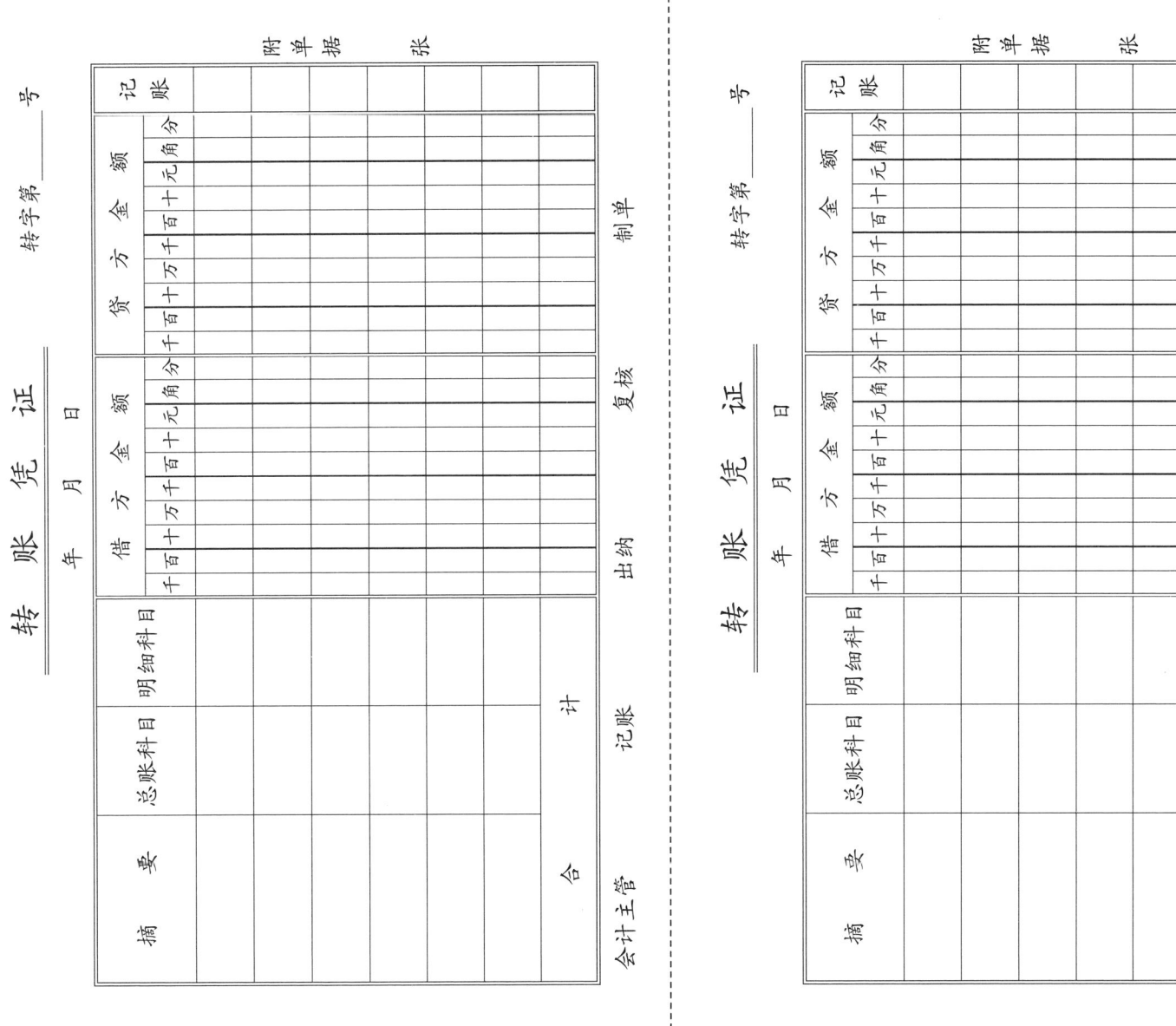

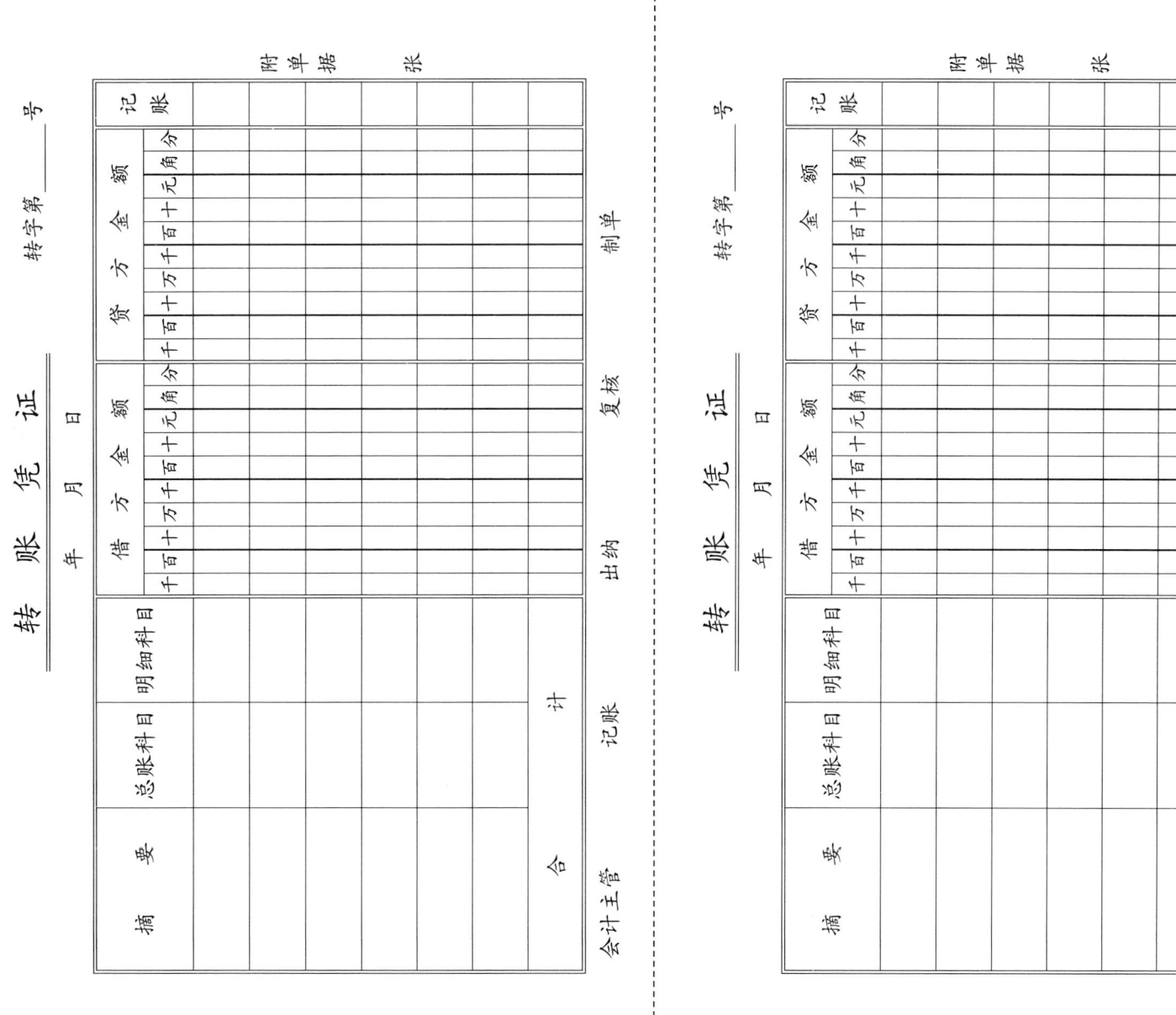

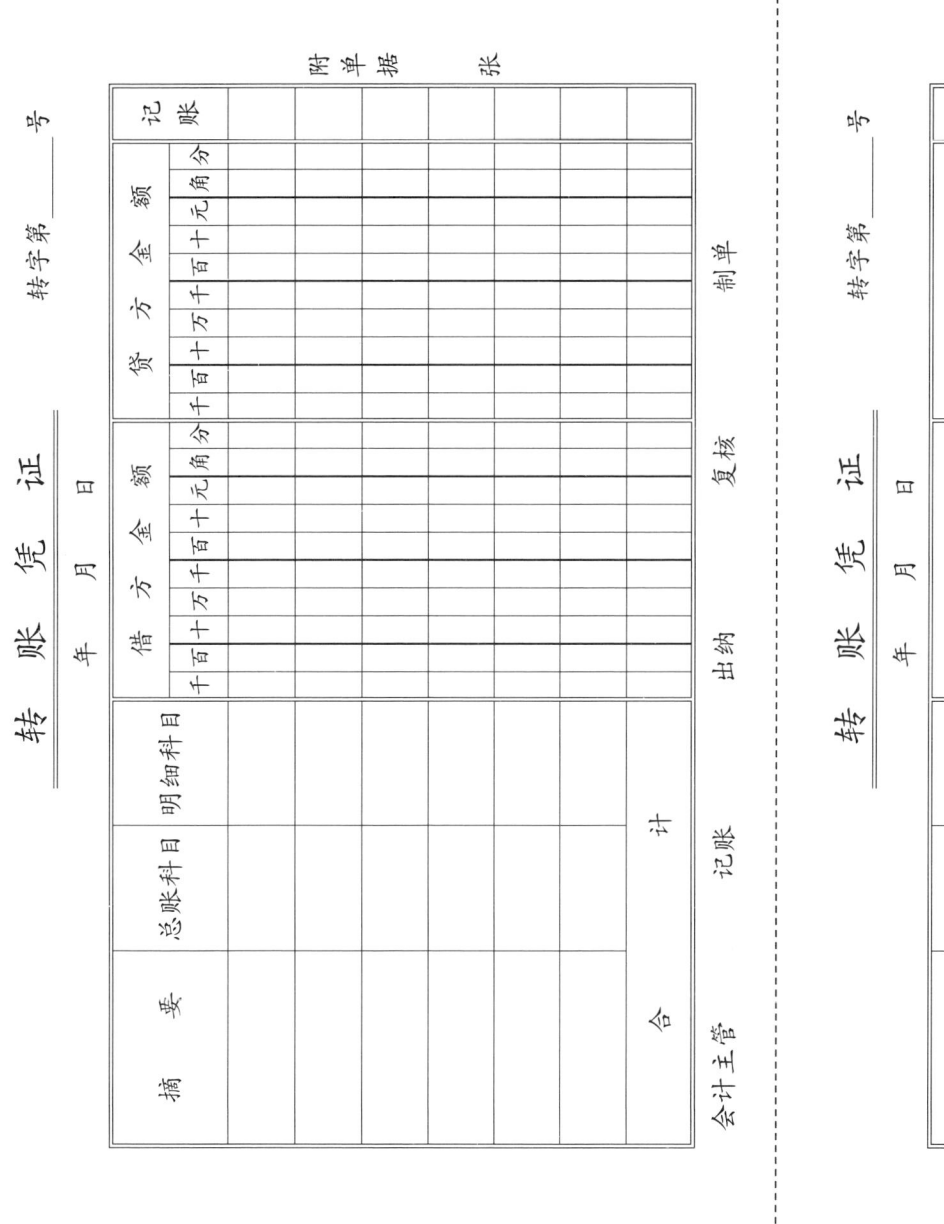

总分类账目录

编号	会计科目	起讫页码	编号	会计科目	起讫页码	编号	会计科目	起讫页码
1001	库存现金		2201	应付票据		5101	制造费用	
1002	银行存款		2203	应付账款		6001	主营业务收入	
1121	应收票据		2211	预收账款		6002	其他业务收入	
1122	应收账款		2221	应付职工薪酬		6301	营业外收入	
1123	预付账款		2231	应交税费		6401	主营业务成本	
1221	其他应收款		2232	应付利息		6402	其他业务成本	
1223	坏账准备		2241	应付股利		6403	税金及附加	
1402	在途物资		2501	其他应付款		6601	销售费用	
1403	原材料		4001	实收资本		6602	管理费用	
1405	库存商品		4002	资本公积		6603	财务费用	
1601	固定资产		4101	盈余公积		6605	信用减值损失	
1602	累计折旧		4103	本年利润		6711	营业外支出	
1604	在建工程		4104	利润分配		6801	所得税费用	
2001	短期借款		5001	生产成本				

账簿启用及交接表

单位名称				公　章			
账簿名称	**总分类账**　　　　　　　（第　　册）						
账簿编号							
账簿页数	本账簿共计　　　页（本账簿页数 　　　　　　　　　检点人盖章　　　　）						
启用日期	公元　　　年　月　日						

经管人员	单位主管		财务主管		复核		记账	
	姓　名	盖　章	姓　名	盖　章	姓　名	盖　章	姓　名	盖　章

交接记录	经管人员		接管			交出		
	职　别	姓　名	年	月	日	盖章	年	月	日	盖章

| 备注 | | | | | | | | |

总分类账

总量 _____ 分页 _____ 会计 ___ 记账 ___ 编号 _____ 科目 _____

年		凭证		摘要	日页	借方(收入)										贷方(付出)										借或贷	余额									
月	日	种类	号数			亿	千	百	十	万	千	百	十	元	角	分	亿	千	百	十	万	千	百	十	元	角	分		亿	千	百	十	万	千	百	十	元	角	分

总分类账

总量 _____ 分页 _____ 会计 ___ 记账 ___ 编号 _____ 科目 _____

年		凭证		摘要	日页	借方(收入)										贷方(付出)										借或贷	余额									
月	日	种类	号数			亿	千	百	十	万	千	百	十	元	角	分	亿	千	百	十	万	千	百	十	元	角	分		亿	千	百	十	万	千	百	十	元	角	分

总分类账

总量 _____ 分页 _____ 会计 ___ 记账 ___ 编号 _____ 科目 _____

年		凭证		摘要	日页	借方（收入）										贷方（付出）										借或贷	余额										
月	日	种类	号数			亿	千	百	十	万	千	百	十	元	角	分	亿	千	百	十	万	千	百	十	元	角	分		亿	千	百	十	万	千	百	十	元	角	分

总分类账

总量 _____ 分页 _____ 会计 ___ 记账 ___ 编号 _____ 科目 _____

年		凭证		摘要	日页	借方（收入）										贷方（付出）										借或贷	余额										
月	日	种类	号数			亿	千	百	十	万	千	百	十	元	角	分	亿	千	百	十	万	千	百	十	元	角	分		亿	千	百	十	万	千	百	十	元	角	分

总分类账

总量 _____ 分页 _____ 会计 记账 编号 _____ 科目 _____

年		凭证		摘要	日页	借方（收入）										贷方（付出）										借或贷	余额									
月	日	种类	号数			亿	千	百	十	万	千	百	十	元	角	分	亿	千	百	十	万	千	百	十	元	角	分		亿	千	百	十	万	千	百	十	元	角	分

总分类账

总量 _____ 分页 _____ 会计 记账 编号 _____ 科目 _____

年		凭证		摘要	日页	借方（收入）										贷方（付出）										借或贷	余额									
月	日	种类	号数			亿	千	百	十	万	千	百	十	元	角	分	亿	千	百	十	万	千	百	十	元	角	分		亿	千	百	十	万	千	百	十	元	角	分

总分类账

总量 _____ 分页 _____

会计	记账

编号 _____
科目 _____

年		凭证		摘要	日页	借方(收入)										贷方(付出)										借或贷	余额										
月	日	种类	号数			亿	千	百	十	万	千	百	十	元	角	分	亿	千	百	十	万	千	百	十	元	角	分		亿	千	百	十	万	千	百	十	元	角	分

总分类账

总量 _____ 分页 _____

会计	记账

编号 _____
科目 _____

年		凭证		摘要	日页	借方(收入)										贷方(付出)										借或贷	余额										
月	日	种类	号数			亿	千	百	十	万	千	百	十	元	角	分	亿	千	百	十	万	千	百	十	元	角	分		亿	千	百	十	万	千	百	十	元	角	分

总分类账

总量 _____ 分页 _____ 会计 _____ 记账 _____ 编号 _____ 科目 _____

年		凭证		摘要	日页	借方(收入)										贷方(付出)										借或贷	余额										
月	日	种类	号数			亿	千	百	十	万	千	百	十	元	角	分	亿	千	百	十	万	千	百	十	元	角	分		亿	千	百	十	万	千	百	十	元	角	分

总分类账

总量 _____ 分页 _____ 会计 _____ 记账 _____ 编号 _____ 科目 _____

年		凭证		摘要	日页	借方(收入)										贷方(付出)										借或贷	余额										
月	日	种类	号数			亿	千	百	十	万	千	百	十	元	角	分	亿	千	百	十	万	千	百	十	元	角	分		亿	千	百	十	万	千	百	十	元	角	分

总分类账

| 总量＿＿ 分页＿＿ | 会计 | 记账 | | | | 编号＿＿ 科目＿＿ |

年		凭证		摘要	日页	借方(收入)											贷方(付出)											借或贷	余额										
月	日	种类	号数			亿	千	百	十	万	千	百	十	元	角	分	亿	千	百	十	万	千	百	十	元	角	分		亿	千	百	十	万	千	百	十	元	角	分

总分类账

| 总量＿＿ 分页＿＿ | 会计 | 记账 | | | | 编号＿＿ 科目＿＿ |

年		凭证		摘要	日页	借方(收入)											贷方(付出)											借或贷	余额										
月	日	种类	号数			亿	千	百	十	万	千	百	十	元	角	分	亿	千	百	十	万	千	百	十	元	角	分		亿	千	百	十	万	千	百	十	元	角	分

总分类账

总量 _____ 分页 _____

会计 ｜ 记账

编号 _____ 科目 _____

年		凭证		摘要	日页	借方（收入）										贷方（付出）										借或贷	余额									
月	日	种类	号数			亿	千	百	十	万	千	百	十	元	角	分	亿	千	百	十	万	千	百	十	元	角	分		亿	千	百	十	万	千	百	十	元	角	分

总分类账

总量 _____ 分页 _____

会计 ｜ 记账

编号 _____ 科目 _____

年		凭证		摘要	日页	借方（收入）										贷方（付出）										借或贷	余额									
月	日	种类	号数			亿	千	百	十	万	千	百	十	元	角	分	亿	千	百	十	万	千	百	十	元	角	分		亿	千	百	十	万	千	百	十	元	角	分

总分类账

总量 _____　分页 _____　会计 ☐　记账 ☐　编号 _____　科目 _____

年		凭证		摘要	日页	借方(收入)										贷方(付出)										借或贷	余额										
月	日	种类	号数			亿	千	百	十	万	千	百	十	元	角	分	亿	千	百	十	万	千	百	十	元	角	分		亿	千	百	十	万	千	百	十	元	角	分

总分类账

总量 _____　分页 _____　会计 ☐　记账 ☐　编号 _____　科目 _____

年		凭证		摘要	日页	借方(收入)										贷方(付出)										借或贷	余额										
月	日	种类	号数			亿	千	百	十	万	千	百	十	元	角	分	亿	千	百	十	万	千	百	十	元	角	分		亿	千	百	十	万	千	百	十	元	角	分

总量 _____ 会计 □ 记账 □   **总分类账**   编号 _____
分页 _____   科目 _____

年		凭证		摘要	日页	借方(收入)											贷方(付出)											借或贷	余额										
月	日	种类	号数			亿	千	百	十	万	千	百	十	元	角	分	亿	千	百	十	万	千	百	十	元	角	分		亿	千	百	十	万	千	百	十	元	角	分

总量 _____ 会计 □ 记账 □   **总分类账**   编号 _____
分页 _____   科目 _____

年		凭证		摘要	日页	借方(收入)											贷方(付出)											借或贷	余额										
月	日	种类	号数			亿	千	百	十	万	千	百	十	元	角	分	亿	千	百	十	万	千	百	十	元	角	分		亿	千	百	十	万	千	百	十	元	角	分

总分类账

总量___ 分页___	会计	记账			编号___ 科目___

年 月日	凭证 种类 号数	摘要	日页	借方（收入） 亿千百十万千百十元角分	贷方（付出） 亿千百十万千百十元角分	借或贷	余额 亿千百十万千百十元角分

总分类账

总量___ 分页___	会计	记账			编号___ 科目___

年 月日	凭证 种类 号数	摘要	日页	借方（收入） 亿千百十万千百十元角分	贷方（付出） 亿千百十万千百十元角分	借或贷	余额 亿千百十万千百十元角分

总量 _____ 分页 _____ 会计 记账

总分类账

编号 _____
科目 _____

年		凭证		摘要	日页	借方(收入)										贷方(付出)										借或贷	余额									
月	日	种类	号数			亿	千	百	十	万	千	百	十	元	角	分	亿	千	百	十	万	千	百	十	元	角	分		亿	千	百	十	万	千	百	十	元	角	分

总量 _____ 分页 _____ 会计 记账

总分类账

编号 _____
科目 _____

年		凭证		摘要	日页	借方(收入)										贷方(付出)										借或贷	余额									
月	日	种类	号数			亿	千	百	十	万	千	百	十	元	角	分	亿	千	百	十	万	千	百	十	元	角	分		亿	千	百	十	万	千	百	十	元	角	分

总分类账

| 总量 ____ 分页 ____ | 会计 | 记账 | | | | 编号 ____ 科目 ____ |

年		凭证		摘要	日页	借方(收入)										贷方(付出)										借或贷	余额										
月	日	种类	号数			亿	千	百	十	万	千	百	十	元	角	分	亿	千	百	十	万	千	百	十	元	角	分		亿	千	百	十	万	千	百	十	元	角	分

总分类账

| 总量 ____ 分页 ____ | 会计 | 记账 | | | | 编号 ____ 科目 ____ |

年		凭证		摘要	日页	借方(收入)										贷方(付出)										借或贷	余额										
月	日	种类	号数			亿	千	百	十	万	千	百	十	元	角	分	亿	千	百	十	万	千	百	十	元	角	分		亿	千	百	十	万	千	百	十	元	角	分

总分类账

总量_____ 分页_____ 会计 □ 记账 □   编号_____ 科目_____

年		凭证		摘要	日页	借方（收入）										贷方（付出）										借或贷	余额										
月	日	种类	号数			亿	千	百	十	万	千	百	十	元	角	分	亿	千	百	十	万	千	百	十	元	角	分		亿	千	百	十	万	千	百	十	元	角	分

总分类账

总量_____ 分页_____ 会计 □ 记账 □   编号_____ 科目_____

年		凭证		摘要	日页	借方（收入）										贷方（付出）										借或贷	余额										
月	日	种类	号数			亿	千	百	十	万	千	百	十	元	角	分	亿	千	百	十	万	千	百	十	元	角	分		亿	千	百	十	万	千	百	十	元	角	分

总分类账

| 总量 _____ | 会计 | 记账 | | | 编号 _____ |
| 分页 _____ | | | | | 科目 _____ |

年		凭证		摘要	日页	借方(收入) 亿千百十万千百十元角分	贷方(付出) 亿千百十万千百十元角分	借或贷	余额 亿千百十万千百十元角分
月	日	种类	号数						

总分类账

| 总量 _____ | 会计 | 记账 | | | 编号 _____ |
| 分页 _____ | | | | | 科目 _____ |

年		凭证		摘要	日页	借方(收入) 亿千百十万千百十元角分	贷方(付出) 亿千百十万千百十元角分	借或贷	余额 亿千百十万千百十元角分
月	日	种类	号数						

总分类账

总量 ____ 分页 ____			会计 □ 记账 □		编号 ____ 科目 ____																													
年		凭证		摘要	日页	借方(收入)										贷方(付出)									借或贷	余额									
月	日	种类	号数			亿	千	百	十	万	千	百	十	元	角	分	亿	千	百	十	万	千	百	十	元	角	分		亿	千	百	十	万	千	百	十	元	角	分

总分类账

总量 ____ 分页 ____			会计 □ 记账 □		编号 ____ 科目 ____																													
年		凭证		摘要	日页	借方(收入)										贷方(付出)									借或贷	余额									
月	日	种类	号数			亿	千	百	十	万	千	百	十	元	角	分	亿	千	百	十	万	千	百	十	元	角	分		亿	千	百	十	万	千	百	十	元	角	分

总量 _____ 分页 _____ 会计 □ 记账 □

总分类账 编号 _____ 科目 _____

年		凭证		摘要	日页	借方（收入）										贷方（付出）										借或贷	余额										
月	日	种类	号数			亿	千	百	十	万	千	百	十	元	角	分	亿	千	百	十	万	千	百	十	元	角	分		亿	千	百	十	万	千	百	十	元	角	分

总量 _____ 分页 _____ 会计 □ 记账 □

总分类账 编号 _____ 科目 _____

年		凭证		摘要	日页	借方（收入）										贷方（付出）										借或贷	余额										
月	日	种类	号数			亿	千	百	十	万	千	百	十	元	角	分	亿	千	百	十	万	千	百	十	元	角	分		亿	千	百	十	万	千	百	十	元	角	分

总量　　　　　　　会计　　记账　　　　　　　　　　　**总分类账**　　　　　　编号
分页　　　　　　　　　　　　　　　　　　　　　　　　　　　　　　　　　科目

年 月 日	凭证 种类 号数	摘要	日页	借方(收入) 亿千百十万千百十元角分	贷方(付出) 亿千百十万千百十元角分	借或贷	余额 亿千百十万千百十元角分

总量　　　　　　　会计　　记账　　　　　　　　　　　**总分类账**　　　　　　编号
分页　　　　　　　　　　　　　　　　　　　　　　　　　　　　　　　　　科目

年 月 日	凭证 种类 号数	摘要	日页	借方(收入) 亿千百十万千百十元角分	贷方(付出) 亿千百十万千百十元角分	借或贷	余额 亿千百十万千百十元角分

总分类账

总　量 _____　　分　页 _____　　会计 □　记账 □　　　　　编　号 _____　科　目 _____

年		凭证		摘要	日页	借方(收入)										贷方(付出)										借或贷	余额										
月	日	种类	号数			亿	千	百	十	万	千	百	十	元	角	分	亿	千	百	十	万	千	百	十	元	角	分		亿	千	百	十	万	千	百	十	元	角	分

总分类账

总　量 _____　　分　页 _____　　会计 □　记账 □　　　　　编　号 _____　科　目 _____

年		凭证		摘要	日页	借方(收入)										贷方(付出)										借或贷	余额										
月	日	种类	号数			亿	千	百	十	万	千	百	十	元	角	分	亿	千	百	十	万	千	百	十	元	角	分		亿	千	百	十	万	千	百	十	元	角	分

库存现金日记账

年		凭证		摘要	对方科目	日页	借方金额										✓	贷方金额										✓	借或贷	余额										✓
月	日	种类	号数				千	百	十	万	千	百	十	元	角	分		千	百	十	万	千	百	十	元	角	分			千	百	十	万	千	百	十	元	角	分	

库存现金日记账

年		凭证		摘要	对方科目	日页	借方金额 千百十万千百十元角分	✓	贷方金额 千百十万千百十元角分	✓	借或贷	余额 千百十万千百十元角分	✓
月	日	种类	号数										

银 行 存 款 日 记 账

年		凭证		摘 要	对方科目	日页	借方金额										✓	贷方金额										✓	借或贷	余 额										✓
月	日	种类	号数				千	百	十	万	千	百	十	元	角	分		千	百	十	万	千	百	十	元	角	分			千	百	十	万	千	百	十	元	角	分	

银行存款日记账

年		凭证		摘 要	对方科目	日页	借方金额										✓	贷方金额										✓	借或贷	余 额										✓
月	日	种类	号数				千	百	十	万	千	百	十	元	角	分		千	百	十	万	千	百	十	元	角	分			千	百	十	万	千	百	十	元	角	分	

银行存款日记账

年		凭证		摘 要	对方科目	日页	借方金额 千百十万千百十元角分	√	贷方金额 千百十万千百十元角分	√	借或贷	余 额 千百十万千百十元角分	√
月	日	种类	号数										

银行存款日记账

年		凭证		摘要	对方科目	日页	借方金额									✓	贷方金额									✓	借或贷	余额									✓
月	日	种类	号数				千	百	十	万	千	百	十	元	角	分		千	百	十	万	千	百	十	元	角	分		千	百	十	万	千	百	十	元	角	分	

明细分类账目录

编号	会计科目	起讫页码	编号	会计科目	起讫页码	编号	会计科目	起讫页码
1001	库存现金		2203	应付账款		5101	制造费用	
1002	银行存款		2211	预收账款		6001	主营业务收入	
1121	应收票据		2221	应付职工薪酬		6002	其他业务收入	
1122	应收账款		2231	应交税费		6301	营业外收入	
1123	预付账款		2232	应付利息		6401	主营业务成本	
1221	其他应收款		2241	应付股利		6402	其他业务成本	
1223	坏账准备		2501	其他应付款		6403	税金及附加	
1402	在途物资		4001	实收资本		6601	销售费用	
1403	原材料		4002	资本公积		6602	管理费用	
1405	库存商品		4101	盈余公积		6603	财务费用	
1601	固定资产		4103	本年利润		6605	信用减值损失	
1604	在建工程		4104	利润分配		6711	营业外支出	
2001	短期借款		5001	生产成本		6801	所得税费用	
2201	应付票据							

账簿启用及交接表

单位名称		公　　章	
账簿名称	**明细分类账**　　（第　　册）		
账簿编号			
账簿页数	本账簿共计　　页（本账簿页数　检点人盖章　　）		
启用日期	公元　　年　月　日		

经管人员	单位主管		财务主管		复　核		记　账	
	姓　名	盖　章	姓　名	盖　章	姓　名	盖　章	姓　名	盖　章

交接记录	经管人员		接　管				交　出			
	职　别	姓　名	年	月	日	盖　章	年	月	日	盖　章

备注	

明细分类账

总第   页   分第   页

_____级科目编号及名称_____

_____级科目编号及名称_____

年		凭证		摘要	对方科目	日页	借方金额									√	贷方金额									√	借或贷	余额									√
月	日	种类	号数				千	百	十	万	千	百	十	元	角	分		千	百	十	万	千	百	十	元	角	分			千	百	十	万	千	百	十	元	角	分	

明细分类账

总第   页   分第   页

_____级科目编号及名称_____

_____级科目编号及名称_____

年		凭证		摘要	对方科目	日页	借方金额									√	贷方金额									√	借或贷	余额									√
月	日	种类	号数				千	百	十	万	千	百	十	元	角	分		千	百	十	万	千	百	十	元	角	分			千	百	十	万	千	百	十	元	角	分	

明细分类账

总第 页 分第 页

  级科目编号及名称 _____

  级科目编号及名称 _____

年		凭证		摘要	对方科目	日页	借方金额									√	贷方金额									√	借或贷	余额									√
月	日	种类	号数				千	百	十	万	千	百	十	元	角	分		千	百	十	万	千	百	十	元	角	分			千	百	十	万	千	百	十	元	角	分	

明细分类账

总第 页 分第 页

  级科目编号及名称 _____

  级科目编号及名称 _____

年		凭证		摘要	对方科目	日页	借方金额									√	贷方金额									√	借或贷	余额									√
月	日	种类	号数				千	百	十	万	千	百	十	元	角	分		千	百	十	万	千	百	十	元	角	分			千	百	十	万	千	百	十	元	角	分	

明细分类账

总第 ___ 页　　分第 ___ 页
___ 级科目编号及名称
___ 级科目编号及名称

年		凭证		摘要	对方科目	日页	借方金额 千百十万千百十元角分	√	贷方金额 千百十万千百十元角分	√	借或贷	余额 千百十万千百十元角分	√
月	日	种类	号数										

明细分类账

总第 ___ 页　　分第 ___ 页
___ 级科目编号及名称
___ 级科目编号及名称

年		凭证		摘要	对方科目	日页	借方金额 千百十万千百十元角分	√	贷方金额 千百十万千百十元角分	√	借或贷	余额 千百十万千百十元角分	√
月	日	种类	号数										

明细分类账

总第 ___ 页　分第 ___ 页
___ 级科目编号及名称 _____
___ 级科目编号及名称 _____

年		凭证		摘要	对方科目	日页	借方金额 (千百十万千百十元角分)	√	贷方金额 (千百十万千百十元角分)	√	借或贷	余额 (千百十万千百十元角分)	√
月	日	种类	号数										

明细分类账

总第 ___ 页　分第 ___ 页
___ 级科目编号及名称 _____
___ 级科目编号及名称 _____

年		凭证		摘要	对方科目	日页	借方金额 (千百十万千百十元角分)	√	贷方金额 (千百十万千百十元角分)	√	借或贷	余额 (千百十万千百十元角分)	√
月	日	种类	号数										

明细分类账

总第　　页　　分第　　页
　　级科目编号及名称
　　级科目编号及名称

年		凭证		摘　要	对方科目	日页	借方金额 千百十万千百十元角分	✓	贷方金额 千百十万千百十元角分	✓	借或贷	余　额 千百十万千百十元角分	✓
月	日	种类	号数										

明细分类账

总第　　页　　分第　　页
　　级科目编号及名称
　　级科目编号及名称

年		凭证		摘　要	对方科目	日页	借方金额 千百十万千百十元角分	✓	贷方金额 千百十万千百十元角分	✓	借或贷	余　额 千百十万千百十元角分	✓
月	日	种类	号数										

明细分类账

总第　　页　　分第　　页
　级科目编号及名称
　级科目编号及名称

年		凭证		摘　要	对方科目	日页	借方金额 千百十万千百十元角分	✓	贷方金额 千百十万千百十元角分	✓	借或贷	余　额 千百十万千百十元角分	✓
月	日	种类	号数										

明细分类账

总第　　页　　分第　　页
　级科目编号及名称
　级科目编号及名称

年		凭证		摘　要	对方科目	日页	借方金额 千百十万千百十元角分	✓	贷方金额 千百十万千百十元角分	✓	借或贷	余　额 千百十万千百十元角分	✓
月	日	种类	号数										

明细分类账

总第 ___ 页　　分第 ___ 页

___ 级科目编号及名称 _____

___ 级科目编号及名称 _____

年		凭证		摘　要	对方科目	日页	借方金额 千百十万千百十元角分	√	贷方金额 千百十万千百十元角分	√	借或贷	余　额 千百十万千百十元角分	√
月	日	种类	号数										

明细分类账

总第 ___ 页　　分第 ___ 页

___ 级科目编号及名称 _____

___ 级科目编号及名称 _____

年		凭证		摘　要	对方科目	日页	借方金额 千百十万千百十元角分	√	贷方金额 千百十万千百十元角分	√	借或贷	余　额 千百十万千百十元角分	√
月	日	种类	号数										

明细分类账

总第 ___ 页　分第 ___ 页
___ 级科目编号及名称 ___
___ 级科目编号及名称 ___

年		凭证		摘要	对方科目	日页	借方金额										√	贷方金额										√	借或贷	余额										√
月	日	种类	号数				千	百	十	万	千	百	十	元	角	分		千	百	十	万	千	百	十	元	角	分			千	百	十	万	千	百	十	元	角	分	

明细分类账

总第 ___ 页　分第 ___ 页
___ 级科目编号及名称 ___
___ 级科目编号及名称 ___

年		凭证		摘要	对方科目	日页	借方金额										√	贷方金额										√	借或贷	余额										√
月	日	种类	号数				千	百	十	万	千	百	十	元	角	分		千	百	十	万	千	百	十	元	角	分			千	百	十	万	千	百	十	元	角	分	

明细分类账

总第　　页　　分第　　页
　　级科目编号及名称　　　　　
　　级科目编号及名称　　　　　

年		凭证		摘　要	对方科目	日页	借方金额										✓	贷方金额										✓	借或贷	余　额										✓
月	日	种类	号数				千	百	十	万	千	百	十	元	角	分		千	百	十	万	千	百	十	元	角	分			千	百	十	万	千	百	十	元	角	分	

明细分类账

总第　　页　　分第　　页
　　级科目编号及名称　　　　　
　　级科目编号及名称　　　　　

年		凭证		摘　要	对方科目	日页	借方金额										✓	贷方金额										✓	借或贷	余　额										✓
月	日	种类	号数				千	百	十	万	千	百	十	元	角	分		千	百	十	万	千	百	十	元	角	分			千	百	十	万	千	百	十	元	角	分	

明细分类账

总第　　页　分第　　页
　级科目编号及名称
　级科目编号及名称

年		凭证		摘要	对方科目	日页	借方金额									✓	贷方金额									✓	借或贷	余额									✓
月	日	种类	号数				千	百	十	万	千	百	十	元	角	分		千	百	十	万	千	百	十	元	角	分			千	百	十	万	千	百	十	元	角	分	

明细分类账

总第　　页　分第　　页
　级科目编号及名称
　级科目编号及名称

年		凭证		摘要	对方科目	日页	借方金额									✓	贷方金额									✓	借或贷	余额									✓
月	日	种类	号数				千	百	十	万	千	百	十	元	角	分		千	百	十	万	千	百	十	元	角	分			千	百	十	万	千	百	十	元	角	分	

明细分类账

总第 ____ 页　分第 ____ 页
____ 级科目编号及名称 ____
____ 级科目编号及名称 ____

年		凭证		摘要	对方科目	日页	借方金额										√	贷方金额										√	借或贷	余额										√
月	日	种类	号数				千	百	十	万	千	百	十	元	角	分		千	百	十	万	千	百	十	元	角	分			千	百	十	万	千	百	十	元	角	分	

明细分类账

总第 ____ 页　分第 ____ 页
____ 级科目编号及名称 ____
____ 级科目编号及名称 ____

年		凭证		摘要	对方科目	日页	借方金额										√	贷方金额										√	借或贷	余额										√
月	日	种类	号数				千	百	十	万	千	百	十	元	角	分		千	百	十	万	千	百	十	元	角	分			千	百	十	万	千	百	十	元	角	分	

明细分类账

总第＿＿页　分第＿＿页
＿＿级科目编号及名称＿＿＿＿＿＿
＿＿级科目编号及名称＿＿＿＿＿＿

年		凭证		摘要	对方科目	日页	借方金额										√	贷方金额										√	借或贷	余额										√
月	日	种类	号数				千	百	十	万	千	百	十	元	角	分		千	百	十	万	千	百	十	元	角	分			千	百	十	万	千	百	十	元	角	分	

明细分类账

总第＿＿页　分第＿＿页
＿＿级科目编号及名称＿＿＿＿＿＿
＿＿级科目编号及名称＿＿＿＿＿＿

年		凭证		摘要	对方科目	日页	借方金额										√	贷方金额										√	借或贷	余额										√
月	日	种类	号数				千	百	十	万	千	百	十	元	角	分		千	百	十	万	千	百	十	元	角	分			千	百	十	万	千	百	十	元	角	分	

明细分类账

总第　　页　　分第　　页

　　级科目编号及名称 _____

　　级科目编号及名称 _____

年		凭证		摘　要	对方科目	日页	借方金额 千百十万千百十元角分	√	贷方金额 千百十万千百十元角分	√	借或贷	余　额 千百十万千百十元角分	√
月	日	种类	号数										

明细分类账

总第　　页　　分第　　页

　　级科目编号及名称 _____

　　级科目编号及名称 _____

年		凭证		摘　要	对方科目	日页	借方金额 千百十万千百十元角分	√	贷方金额 千百十万千百十元角分	√	借或贷	余　额 千百十万千百十元角分	√
月	日	种类	号数										

明细分类账

总第 ___ 页　分第 ___ 页
___ 级科目编号及名称 ___
___ 级科目编号及名称 ___

年		凭证		摘要	对方科目	日页	借方金额										√	贷方金额										√	借或贷	余额										√
月	日	种类	号数				千	百	十	万	千	百	十	元	角	分		千	百	十	万	千	百	十	元	角	分			千	百	十	万	千	百	十	元	角	分	

明细分类账

总第 ___ 页　分第 ___ 页
___ 级科目编号及名称 ___
___ 级科目编号及名称 ___

年		凭证		摘要	对方科目	日页	借方金额										√	贷方金额										√	借或贷	余额										√
月	日	种类	号数				千	百	十	万	千	百	十	元	角	分		千	百	十	万	千	百	十	元	角	分			千	百	十	万	千	百	十	元	角	分	

明细分类账

总第 ___ 页　　分第 ___ 页

___ 级科目编号及名称 ___

___ 级科目编号及名称 ___

年		凭证		摘　要	对方科目	日页	借方金额										√	贷方金额										√	借或贷	余　额										√
月	日	种类	号数				千	百	十	万	千	百	十	元	角	分		千	百	十	万	千	百	十	元	角	分			千	百	十	万	千	百	十	元	角	分	

明细分类账

总第 ___ 页　　分第 ___ 页

___ 级科目编号及名称 ___

___ 级科目编号及名称 ___

年		凭证		摘　要	对方科目	日页	借方金额										√	贷方金额										√	借或贷	余　额										√
月	日	种类	号数				千	百	十	万	千	百	十	元	角	分		千	百	十	万	千	百	十	元	角	分			千	百	十	万	千	百	十	元	角	分	

明细分类账

总第　　页　　分第　　页
　级科目编号及名称
　级科目编号及名称

年		凭证		摘要	对方科目	日页	借方金额 千百十万千百十元角分	✓	贷方金额 千百十万千百十元角分	✓	借或贷	余额 千百十万千百十元角分	✓
月	日	种类	号数										

明细分类账

总第　　页　　分第　　页
　级科目编号及名称
　级科目编号及名称

年		凭证		摘要	对方科目	日页	借方金额 千百十万千百十元角分	✓	贷方金额 千百十万千百十元角分	✓	借或贷	余额 千百十万千百十元角分	✓
月	日	种类	号数										

明细分类账

总第 ___ 页 分第 ___ 页
___ 级科目编号及名称 ___
___ 级科目编号及名称 ___

年		凭证		摘要	对方科目	日页	借方金额										√	贷方金额										√	借或贷	余额										√
月	日	种类	号数				千	百	十	万	千	百	十	元	角	分		千	百	十	万	千	百	十	元	角	分			千	百	十	万	千	百	十	元	角	分	

明细分类账

总第 ___ 页 分第 ___ 页
___ 级科目编号及名称 ___
___ 级科目编号及名称 ___

年		凭证		摘要	对方科目	日页	借方金额										√	贷方金额										√	借或贷	余额										√
月	日	种类	号数				千	百	十	万	千	百	十	元	角	分		千	百	十	万	千	百	十	元	角	分			千	百	十	万	千	百	十	元	角	分	

明细分类账

总第_____页 分第_____页
_____级科目编号及名称
_____级科目编号及名称

年		凭证		摘要	对方科目	日页	借方金额										✓	贷方金额										✓	借或贷	余额										✓
月	日	种类	号数				千	百	十	万	千	百	十	元	角	分		千	百	十	万	千	百	十	元	角	分			千	百	十	万	千	百	十	元	角	分	

明细分类账

总第_____页 分第_____页
_____级科目编号及名称
_____级科目编号及名称

年		凭证		摘要	对方科目	日页	借方金额										✓	贷方金额										✓	借或贷	余额										✓
月	日	种类	号数				千	百	十	万	千	百	十	元	角	分		千	百	十	万	千	百	十	元	角	分			千	百	十	万	千	百	十	元	角	分	

明细分类账

总第　　页　分第　　页

_____级科目编号及名称_____

_____级科目编号及名称_____

年		凭证		摘要	对方科目	日页	借方金额 千百十万千百十元角分	√	贷方金额 千百十万千百十元角分	√	借或贷	余额 千百十万千百十元角分	√
月	日	种类	号数										

明细分类账

总第　　页　分第　　页

_____级科目编号及名称_____

_____级科目编号及名称_____

年		凭证		摘要	对方科目	日页	借方金额 千百十万千百十元角分	√	贷方金额 千百十万千百十元角分	√	借或贷	余额 千百十万千百十元角分	√
月	日	种类	号数										

明细分类账

编号 _____ 页次 _____ 总页 _____
货名 _____
存储地点 _____ 最高存量 _____ 最低存量 _____ 计量单位 _____ 规格 _____ 类别 _____

年		凭证		摘要	收入(借方)										发出(贷方)										结存										
月	日	种类	号数		数量	单价	金额									数量	单价	金额									数量	单价	金额							
							千	百	十	万	千	百	十	元	角	分			千	百	十	万	千	百	十	元	角	分			千	百	十	万	千	百	十	元	角	分

明细分类账

编号 _____ 页次 _____ 总页 _____
货名 _____

存储地点 _____ 最高存量 _____ 最低存量 _____ 计量单位 _____ 规格 _____ 类别 _____

年		凭证		摘要	收入（借方）		金额										发出（贷方）		金额										结存		金额									
月	日	种类	号数		数量	单价	千	百	十	万	千	百	十	元	角	分	数量	单价	千	百	十	万	千	百	十	元	角	分	数量	单价	千	百	十	万	千	百	十	元	角	分

明细分类账

编号 _____ 页次 _____ 总页 _____
货名 _____
存储地点 _____ 最高存量 _____ 最低存量 _____ 计量单位 _____ 规格 _____ 类别 _____

年		凭证		摘要	收入(借方)			发出(贷方)			结存		
月	日	种类	号数		数量	单价	金额(千百十万千百十元角分)	数量	单价	金额(千百十万千百十元角分)	数量	单价	金额(千百十万千百十元角分)

明细分类账

编号 _____ 页次 _____ 总页 _____
货名 _____

存储地点 _____ 最高存量 _____ 最低存量 _____ 计量单位 _____ 规格 _____ 类别 _____

年		凭证		摘要	收入（借方）			发出（贷方）			结存		
月	日	种类	号数		数量	单价	金额（千百十万千百十元角分）	数量	单价	金额（千百十万千百十元角分）	数量	单价	金额（千百十万千百十元角分）

明细分类账

编号　　　页次　　　总页
货名
存储地点　　　　最高存量　　　　最低存量　　　　计量单位　　　规格　　　　类别

年		凭证		摘要	收入（借方）		金额		发出（贷方）		金额		结存		金额	
月	日	种类	号数		数量	单价	千百十万千百十元角分		数量	单价	千百十万千百十元角分		数量	单价	千百十万千百十元角分	

明细分类账

编号 _____ 页次 _____ 总页 _____
货名 _____
存储地点 _____ 最高存量 _____ 最低存量 _____ 计量单位 _____ 规格 _____ 类别 _____

年		凭 证		摘要	收 入（借方）											发 出（贷方）											结 存										
月	日	种类	号数		数量	单价	千	百	十	万	千	百	十	元	角	分	数量	单价	千	百	十	万	千	百	十	元	角	分	数量	单价	千	百	十	万	千	百	十	元	角	分

明细分类账

编号 _____ 页次 _____ 总页 _____
货名 _____
存储地点 _____ 最高存量 _____ 最低存量 _____ 计量单位 _____ 规格 _____ 类别 _____

年		凭证		摘要	收入（借方）											发出（贷方）											结存										
月	日	种类	号数		数量	单价	金额									数量	单价	金额									数量	单价	金额								
							千	百	十	万	千	百	十	元	角	分			千	百	十	万	千	百	十	元	角	分			千	百	十	万	千	百	十	元	角	分

明细分类账

编号_____ 页次_____ 总页_____
货名_____

存储地点_____ 最高存量_____ 最低存量_____ 计量单位_____ 规格_____ 类别_____

年		凭证		摘要	收入（借方）			发出（贷方）			结存		
月	日	种类	号数		数量	单价	金额（千百十万千百十元角分）	数量	单价	金额（千百十万千百十元角分）	数量	单价	金额（千百十万千百十元角分）

211

明细分类账

编号　　　页次　　　总页
货名
存储地点　　　　　最高存量　　　最低存量　　　计量单位　　　规格　　　类别

年		凭证		摘要	收入(借方)		金额										发出(贷方)		金额										结存		金额									
月	日	种类	号数		数量	单价	千	百	十	万	千	百	十	元	角	分	数量	单价	千	百	十	万	千	百	十	元	角	分	数量	单价	千	百	十	万	千	百	十	元	角	分

明细分类账

编号 _____ 页次 _____ 总页 _____
货名 _____

存储地点 _____ 最高存量 _____ 最低存量 _____ 计量单位 _____ 规格 _____ 类别 _____

年		凭证		摘要	收入(借方)		金额									发出(贷方)		金额									结存		金额								
月	日	种类	号数		数量	单价	千	百	十	万	千	百	十	元	角	分	数量	单价	千	百	十	万	千	百	十	元	角	分	数量	单价	千	百	十	万	千	百	十	元	角	分

应交增值税

年		凭证号数	摘要	借方发生额									
月	日			进项税额		已交税费		销项税额抵减		减免税款		出口抵减内销产品应纳税额	
				千百十万千百十元角分		千百十万千百十元角分		千百十万千百十元角分		千百十万千百十元角分		千百十万千百十元角分	

明细账

总第 _____ 页　　分第 _____ 页

_____ 级科目编号及名称 _____

_____ 级科目编号及名称 _____

借方发生额			贷方发生额						借或贷	余　额
转出未交增值税		合　计	销项税额		进项税额转出		出口退税		转出多交增值税	合　计		
千百十万千百十元角分	千百十万千百十元角分	千百十万千百十元角分	千百十万千百十元角分	千百十万千百十元角分	千百十万千百十元角分	千百十万千百十元角分		千百十万千百十元角分

应交增值税

年		凭证号数	摘要	借方发生额									
				进项税额		已交税费		销项税额抵减		减免税款		出口抵减内销产品应纳税额	
月	日			千百十万千百十元角分		千百十万千百十元角分		千百十万千百十元角分		千百十万千百十元角分		千百十万千百十元角分	

明细账

总第　　页　　分第　　页

　　级科目编号及名称
　　级科目编号及名称

借方发生额		贷方发生额					借或贷	余额
转出未交增值税	合　计	销项税额	进项税额转出	出口退税	转出多交增值税	合　计		
千百十万千百十元角分	千百十万千百十元角分	千百十万千百十元角分	千百十万千百十元角分	千百十万千百十元角分	千百十万千百十元角分	千百十万千百十元角分		千百十万千百十元角分

明细分类账

总第　　页　　分第　　页

_____级科目编号及名称
_____级科目编号及名称

年 月 日	凭证号数	摘要	千百十万千百十元角分	千百十万千百十元角分	千百十万千百十元角分	千百十万千百十元角分	千百十万千百十元角分	千百十万千百十元角分	千百十万千百十元角分

明细分类账

总第　　页　　分第　　页

＿＿＿级科目编号及名称

＿＿＿级科目编号及名称

年		凭证号数	摘要	千百十万千百十元角分	千百十万千百十元角分	千百十万千百十元角分	千百十万千百十元角分	千百十万千百十元角分	千百十万千百十元角分	千百十万千百十元角分
月	日									

明细分类账

总第　　页　　分第　　页

_____级科目编号及名称_____

_____级科目编号及名称_____

年		凭证号数	摘要	千	百	十	万	千	百	十	元	角	分	千	百	十	万	千	百	十	元	角	分	千	百	十	万	千	百	十	元	角	分	千	百	十	万	千	百	十	元	角	分	千	百	十	万	千	百	十	元	角	分	千	百	十	万	千	百	十	元	角	分	千	百	十	万	千	百	十	元	角	分	千	百	十	万	千	百	十	元	角	分
月	日																																																																																	

明细分类账

总第　　页　　分第　　页

　级科目编号及名称　　　　　
　级科目编号及名称　　　　　

年 月 日	凭证号数	摘要	千百十万千百十元角分	千百十万千百十元角分	千百十万千百十元角分	千百十万千百十元角分	千百十万千百十元角分	千百十万千百十元角分	千百十万千百十元角分

明细分类账

总第　　页　　分第　　页

　级科目编号及名称
　级科目编号及名称

年 月	日	凭证号数	摘要	千百十万千百十元角分	千百十万千百十元角分	千百十万千百十元角分	千百十万千百十元角分	千百十万千百十元角分	千百十万千百十元角分	千百十万千百十元角分	千百十万千百十元角分

明细分类账

总第　　页　　分第　　页

　级科目编号及名称

　级科目编号及名称

年		凭证号数	摘要	千 百 十 万 千 百 十 元 角 分	千 百 十 万 千 百 十 元 角 分	千 百 十 万 千 百 十 元 角 分	千 百 十 万 千 百 十 元 角 分	千 百 十 万 千 百 十 元 角 分	千 百 十 万 千 百 十 元 角 分	千 百 十 万 千 百 十 元 角 分
月	日									

明细分类账

总第　　页　分第　　页

　级科目编号及名称

　级科目编号及名称

年		凭证号数	摘要	千百十万千百十元角分	千百十万千百十元角分	千百十万千百十元角分	千百十万千百十元角分	千百十万千百十元角分	千百十万千百十元角分	千百十万千百十元角分
月	日									

明细分类账

总第　　页　　分第　　页

级科目编号及名称　　　　

级科目编号及名称　　　　

年		凭证号数	摘要	千百十万千百十元角分	千百十万千百十元角分	千百十万千百十元角分	千百十万千百十元角分	千百十万千百十元角分	千百十万千百十元角分	千百十万千百十元角分
月	日									

资产负债表

编制单位：
会企01表
单位：元

资产	期末余额	上年年末余额	负债和所有者权益（或股东权益）	期末余额	上年年末余额
流动资产：			流动负债：		
货币资金			短期借款		
交易性金融资产			交易性金融负债		
衍生金融资产			衍生金融负债		
应收票据			应付票据		
应收账款			应付账款		
应收款项融资			预收款项		
预付款项			合同负债		
其他应收款			应付职工薪酬		
存货			应交税费		
合同资产			其他应付款		
持有待售资产			持有待售负债		
一年内到期的非流动资产			一年内到期的非流动负债		
其他流动资产			其他流动负债		
流动资产合计			流动负债合计		
非流动资产：			非流动负债：		
债权投资			长期借款		
其他债权投资			应付债券		
长期应收款			其中：优先股		
长期股权投资			永续债		
其他权益工具投资			租赁负债		
其他非流动金融资产			长期应付款		
投资性房地产			预计负债		
固定资产			递延收益		
在建工程			递延所得税负债		
生产性生物资产			其他非流动负债		
油气资产			非流动负债合计		
使用权资产			负债合计		
无形资产			所有者权益（或股东权益）：		
开发支出			实收资本（或股本）		
商誉			其中：优先股		
长期待摊费用			永续债		
递延所得税资产			资本公积		
其他非流动资产			减：库存股		
非流动资产合计			其他综合收益		
			专项储备		
			盈余公积		
			未分配利润		
			所有者权益（或股东权益）合计		
资产总计			负债和所有者权益（或股东权益）总计		

资产负债表

编制单位：　　　　　　　　　　　年　月　日

会企01表
单位：元

资　产	上年年末余额	期末余额	负债和所有者权益（或股东权益）	期末余额	上年年末余额
流动资产：			流动负债：		
货币资金			短期借款		
交易性金融资产			交易性金融负债		
衍生金融资产			衍生金融负债		
应收票据			应付票据		
应收账款			应付账款		
应收款项融资			预收款项		
预付款项			合同负债		
其他应收款			应付职工薪酬		
存货			应交税费		
合同资产			其他应付款		
持有待售资产			持有待售负债		
一年内到期的非流动资产			一年内到期的非流动负债		
其他流动资产			其他流动负债		
流动资产合计			流动负债合计		
非流动资产：			非流动负债：		
债权投资			长期借款		
其他债权投资			应付债券		
长期应收款			其中：优先股		
长期股权投资			永续债		
其他权益工具投资			租赁负债		
其他非流动金融资产			长期应付款		
投资性房地产			预计负债		
固定资产			递延收益		
在建工程			递延所得税负债		
生产性生物资产			其他非流动负债		
油气资产			非流动负债合计		
使用权资产			负债合计		
无形资产			所有者权益（或股东权益）		
开发支出			实收资本（或股本）		
商誉			其他权益工具		
长期待摊费用			其中：优先股		
递延所得税资产			永续债		
其他非流动资产			资本公积		
非流动资产合计			减：库存股		
			其他综合收益		
			专项储备		
			盈余公积		
			未分配利润		
			所有者权益（或股东权益）合计		
资产总计			负债和所有者权益（或股东权益）总计		

227

利润表

编制单位：　　　　　　　　　　　　　　　年　月　　　　　　　　　　　　　企会02表
单位：元

项　目	本期金额	上期金额
一、营业收入		
减：营业成本		
税金及附加		
销售费用		
管理费用		
研发费用		
财务费用		
其中：利息费用		
利息收入		
加：其他收益		
投资收益（损失以"-"号填列）		
其中：对联营企业和合营企业的投资收益		
以摊余成本计量的金融资产终止确认收益（损失以"-"号填列）		
净敞口套期收益（损失以"-"号填列）		
公允价值变动收益（损失以"-"号填列）		
信用减值损失（损失以"-"号填列）		
资产减值损失（损失以"-"号填列）		
资产处置收益（损失以"-"号填列）		
二、营业利润（亏损以"-"号填列）		
加：营业外收入		
减：营业外支出		
三、利润总额（亏损总额以"-"号填列）		
减：所得税费用		
四、净利润（净亏损以"-"号填列）		
（一）持续经营净利润（净亏损以"-"号填列）		
（二）终止经营净利润（净亏损以"-"号填列）		
五、其他综合收益的税后净额		
（一）不能重分类进损益的其他综合收益		
1.重新计量设定受益计划变动额		
2.权益法下不能转损益的其他综合收益		
3.其他权益工具投资公允价值变动		
4.企业自身信用风险公允价值变动		
……		
（二）将重分类进损益的其他综合收益		
1.权益法下可转损益的其他综合收益		
2.其他债权投资公允价值变动		
3.金融资产重分类计入其他综合收益的金额		
4.其他债权投资信用减值准备		
5.现金流量套期储备		
6.外币财务报表折算差额		
……		
六、综合收益总额		
七、每股收益：		
（一）基本每股收益		
（二）稀释每股收益		

228

利润表

编制单位：　　　　　　　　　　　　　年　月　　　　　　　　　　　　　企会02表
单位：元

项　目	本期金额	上期金额
一、营业收入		
减：营业成本		
税金及附加		
销售费用		
管理费用		
研发费用		
财务费用		
其中：利息费用		
利息收入		
加：其他收益		
投资收益（损失以"－"号填列）		
其中：对联营企业和合营企业的投资收益		
以摊余成本计量的金融资产终止确认收益（损失以"－"号填列）		
净敞口套期收益（损失以"－"号填列）		
公允价值变动收益（损失以"－"号填列）		
信用减值损失（损失以"－"号填列）		
资产减值损失（损失以"－"号填列）		
资产处置收益（损失以"－"号填列）		
二、营业利润（亏损以"－"号填列）		
加：营业外收入		
减：营业外支出		
三、利润总额（亏损总额以"－"号填列）		
减：所得税费用		
四、净利润（净亏损以"－"号填列）		
（一）持续经营净利润（净亏损以"－"号填列）		
（二）终止经营净利润（净亏损以"－"号填列）		
五、其他综合收益的税后净额		
（一）不能重分类进损益的其他综合收益		
1. 重新计量设定受益计划变动额		
2. 权益法下不能转损益的其他综合收益		
3. 其他权益工具投资公允价值变动		
4. 企业自身信用风险公允价值变动		
······		
（二）将重分类进损益的其他综合收益		
1. 权益法下可转损益的其他综合收益		
2. 其他债权投资公允价值变动		
3. 金融资产重分类计入其他综合收益的金额		
4. 其他债权投资信用减值准备		
5. 现金流量套期储备		
6. 外币财务报表折算差额		
······		
六、综合收益总额		
七、每股收益：		
（一）基本每股收益		
（二）稀释每股收益		

记账凭证封面

_____公司

自 _____年_____月_____日至_____年_____月_____日

第_____册 / 共_____册

凭证名称	凭证起讫号码		凭证张数	附张件数	备注
	自	至			

装订人_____ 财会主管_____

会计档案	全宗号	目录号	案卷号	保管年限

记账凭证封底

公司

总 分 类 账

会计档案	自　　年　　月　　日至　　　　年　　月　　日止		
	册内共　　　页（张）　　　　保管期限：		
	全宗号：	目录号：	案卷号：

年度

总分类账封底

_____公司

明 细 分 类 账

会计档案	自　　年　　月　　日至　　　年　　月　　　日止		
	册内共　　　页（张）	保管期限：	
	全宗号：	目录号：	案卷号：

年度

明细分类账封底

　　　　　　　　　　　　　　　　　　　　　　　　　公司

日　记　账

（库存现金日记账、银行存款日记账）

会计档案	自　　年　　月　　日至　　　年　　月　　日止		
	册内共　　　页（张）	保管期限：	
	全宗号：	目录号：	案卷号：

年度

日记账封底

_____公司

会 计 报 表

(资产负债表、利润表)

年度

会计报表封底

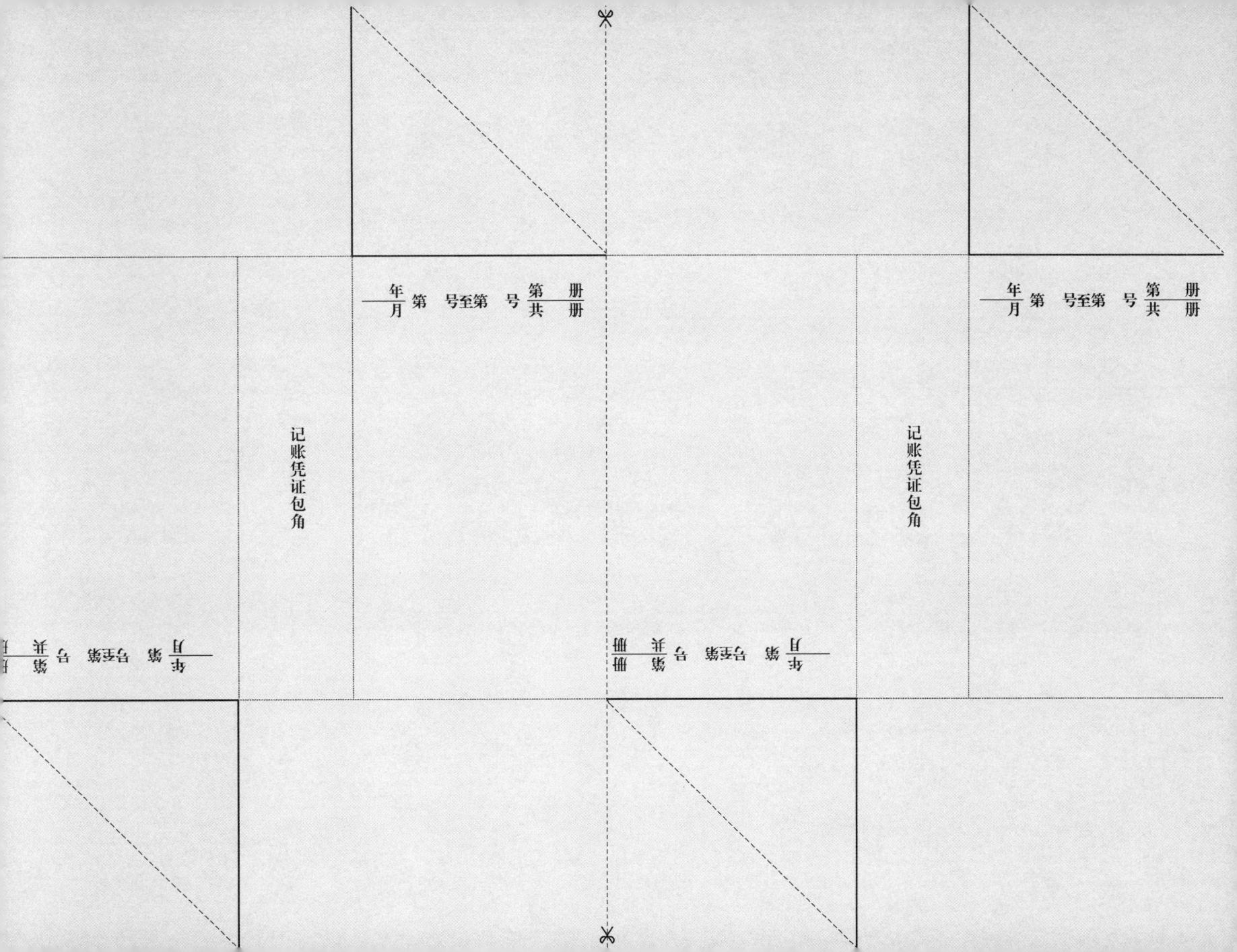

实训总结
(800字左右)